Glutenfrei
und lecker!

WHITE STAR VERLAG

TEXTE VON
MAURIZIO CUSANI

FOTOGRAFIEN UND REZEPTE
CINZIA TRENCHI

REDAKTIONELLE LEITUNG
VALERIA MANFERTO DE FABIANIS

REDAKTION
LAURA ACCOMAZZO
FEDERICA ROMAGNOLI

GRAFISCHE GESTALTUNG
PAOLA PIACCO

VORWORT

von Maurizio Cusani

Zöliakie verursacht normalerweise vor ihrer Diagnose viele Probleme und zwingt danach, die Ernährung und den Lebensstil umzustellen. Betroffene dürfen keine Nahrungsmittel mit Gluten oder auch nur Spuren davon aufnehmen. Bei Gluten handelt es sich um ein in den verbreitetsten Getreidesorten vorkommendes Lipoprotein-Gemisch. Ein Großteil aller Speisen enthält es, aber sie können durch ebenso viele Gerichte ersetzt werden. Auf diese Weise entsteht nicht das Gefühl, sich etwas verbieten oder verzichten zu müssen.
Dieser Ratgeber möchte darüber informieren, wie die Unverträglichkeit im Körper zustande kommt, zur Prävention der Folgen von glutenhaltigen Speisen anregen und Alternativen zur bekannten Diät aufzeigen. Bei der Behandlung ist ein bewusster Umgang mit Lebensmitteln und ihren Inhaltsstoffen entscheidend. Mit einfachen Rezepten für schmackhafte Gerichte kann das Essen zum Garanten eines langfristig gesunden Körpers werden. Ratschläge und Hinweise zu Zutaten unterstützen dabei, die eigene Vitalität zu steigern, die Symptome zu reduzieren oder auch die Einnahme von Medikamenten gegen Beschwerden zu beenden. Die Ernährung wird zum Heilmittel, die Mahlzeiten zur natürlichen Medizin: vor allem, wenn bei der Zubereitung alle Sinne einbezogen sind.
Ziel ist, dass Glutenintollerante an den vorgestellten Rezepten geschmacklich Gefallen finden, und nicht den ständigen Eindruck eines unmöglichen Genusses, von Einschränkung oder gar Krankheit haben.
Zugleich ist darauf aufmerksam zu machen, dass leichte, unklarere Formen von Zöliakie zunehmen. Zu ihr kommt der sogenannte "Reizdarm" hinzu, der häufig bei Erwachsenen auftritt. Derzeit wird eine Verbreitung dieses Krankheitsbildes festgestellt, die sich eventuell durch bessere Diagnosemöglichkeiten bei der Untersuchung erklärt. Es ist nicht ausgeschlossen, dass auch andere Faktoren wie veränderte Umwelteinflüsse eine Rolle spielen. Vor diesem Hintergrund soll das Buch dabei helfen, die Ernährung an neue Notwendigkeiten anzupassen und Freude am Erproben neuer Rezepte vermitteln.

INHALT

EINLEITUNG

EINE FRAGE DES GESCHMACKS

Zum Vermeiden von Krankheiten ist es sehr wichtig, naturbelassene und gesunde Lebensmittel zu sich zu nehmen. Das wird heute in den Industrieländern immer schwieriger. Wenn möglich, sollte der Fleischkonsum (am besten keine Massentierhaltung und aus einheimischer Mast) reduziert und viel der Jahreszeit entsprechendes Obst und Gemüse gegessen werden. Weiterhin ist ausreichend Wasser ohne Kohlensäure zu trinken, mindestens 2 Liter am Tag. In der Sommerzeit kann es auch mehr sein, geeignet ist dann ebenfalls Fruchtsaft, der durch das Schwitzen verlorenen Salze wieder integriert. Eine solche Flüssigkeitsaufnahme bläht nicht auf, reduziert das Hungergefühl, erleichtert den Transport im Darm und die Funktion der Nieren. Ebenso entscheidend ist es, die richtige Menge zu essen und sie mit fortschreitendem Alter zu verringern. Zu bevorzugen sind "lebendige Nahrungsmittel" wie Joghurt. Zu meiden sind solche, die industriell verarbeitet wurden, um verkäuflicher zu sein. Empfohlen wird, die unverdaulichen Zellulosebestandteile nicht abzutrennen, da sie die Darmtätigkeit unterstützen und unter anderem das Risiko an Verstopfung mindern. Im Hinblick auf eine lange Lebenserwartung gilt, einfache und natürliche Speisen wie Obst, Getreide, Joghurt, Brot und Nudeln zu verzehren, sich aber auch Fisch, wenig Fleisch und Süßigkeiten zu gönnen. Die Nutzung von pflanzlichen Ölen wie Olivenöl ist der von tierischen Fetten vorzuziehen. Das Herabsetzen der Fettmenge beugt Alterungsprozessen, netzhautdegenerativen Erkrankungen und Erblinden vor. Auch das Essen von Obst, Gemüse und Fisch garantiert ein effizienteres Arbeiten der Seh-Organe.
Jedes Nahrungsmittel verfügt über spezifische Charakteristika, sei es beim Aussehen, beim Geruch oder Geschmack. Alle Kulturen, Epochen bevorzugten bestimmte davon, jeder Einzelne hat seine Präferenzen: und das nicht zufällig. Wir lieben die Speisen, die uns – psychologisch betrachtet – am meisten ähneln. Unser persönlicher Geschmack ändert sich je nach Si-

tuation und Lebensstadium. Kinder wechseln ihre Vorlieben in der Wachstumsphase schnell und können dabei launig sein. Während Erwachsene vorhersehbarer und schematischer wählen und im Alter oft immer dieselbe Kost verspeist wird.

Wer auffallend viel Süßes isst, zeigt damit das Bedürfnis nach Liebkosung, einen Wunsch nach Abhängigkeit, eine infantile Regression. Begriffe wie *honey*, "Honig", im Englischen oder *dolcezza*, "Süße", im Italienischen unterstreichen beim damit Benennen eine spezielle Zuwendung unter Liebenden. Das Bevorzugen von Süßspeisen allgemein wie eine plötzliche Lust darauf stehen für einen Bedarf an Zärtlichkeit und Liebe.

Wenn hauptsächlich salzige Speisen verzehrt werden, signalisiert das einen starken Wunsch nach Unabhängigkeit, Bewusstsein und Reife; auch den Willen, sich von der Routine einer "salzlosen Suppe" im Leben zu befreien. Es kann mit der Ernährung eines Intellektuellen in Verbindung gebracht werden. Von jeher wurde Salz dazu benutzt, das Essen anzureichern, ihm Geschmack zu verleihen und es zu konservieren: "Ihr seid das Salz der Erde", sprach Jesus zu den Aposteln. Das Wort "pikant" hingegen wird häufig mit Werken, Büchern oder Handlungen mit sexuellem Hintergrund assoziiert. So pikante Speisen geschätzt sind oder Appetit auf sie verspürt wird, verbergen sich hinter diesem Verhalten der Drang nach Rebellion und Neugier.

Weiterhin gilt, dass eine Person mit sensiblem und reinem Charakter dazu tendiert, ebenso feine Speisen zu wählen; während entschlossenere, rauere, energischere zu harten und rohen neigen. Insbesondere der Verzehr von rohem Fleisch gilt als Zeichen für Stärke und Aggressivität. Das vorrangige Einnehmen von kalten Speisen deutet auf ein Gefühl von Abgrenzung und Gleichgültigkeit hin, während das von erhitzten und weichen die Suche nach Zärtlichkeit, Wärme und Trost enthüllt.

In der antiken römischen wie in der chinesischen Küche findet sich die Tendenz zum Süßsauren (man denke an Essiggurken, marinierten Fisch, *garum* und so weiter). Viele schwangere Frauen gelüstet es nach diesem

Geschmack, fast als wären ihnen die beiden Seiten des Lebens nur allzu deutlich bewusst.
Das Verlangen etwas Saures wie eine ganze Zitrone zu essen ist beispielsweise bei Jugendlichen zu beobachten. Es offenbart den Wunsch, das Vergehen der Zeit zu beschleunigen, schnell zu wachsen und frei zu sein. Bitteres hingegen (wie etwa Kräuter) wird von Personen bevorzugt, die Angst davor haben, sich gehen zu lassen und den "bitteren Kelch" bis zum Grund leeren wollen. Nicht zuletzt helfen Bitterschnäpse beim Herunterspülen dessen, was schwer verdaulich ist.
Bei der Wahl von alkoholischen Getränken ziehen im Allgemeinen Jüngere erfrischende, moussierende Weine, Frucht- oder Weißwein vor. Sekt und Champagner haben einen leicht frivolen Touch und bezeugen die Lust auf Amüsement. Traditionell und konservativ Denkende schätzen Geräuchertes, starken Tee und Rotwein. Das Interesse an kostenintensivem Rotwein mit ausgeprägtem Charakter (Barolo, Recioto, Brunello, Sassicaia und ähnliche) unterstreicht eine innere Bodenständigkeit sowie den Wunsch nach Dominanz. Generell gilt: Sage mir, was du isst, und ich sage dir, wer du bist.
Diese Verallgemeinerungen können nicht auf Lebensmittelunverträglichkeit übertragen werden. Hier gibt es allenfalls eine persönliche symbolische Beziehung zu den entsprechenden Speisen.

DER VERDAUUNGSAPPARAT UND DER DARM

Das Essen wird durch die Verdauung in Energie umgewandelt. Da der erste Schritt dieses Vorgangs im Mund erfolgt, sollte langsam gegessen und genügend gekaut werden. Eine ausreichende Einspeichelung unterstützt die Aufnahme und einzelne Abschnitte des Magen-Darm-Traktes werden entlastet.
Der Verdauungsprozess besteht aus vier Hauptphasen: der Nahrungsaufnahme, der Verdauung mit Enzymen, der Absorption und der Assimilation. Metaphorisch entsprechen sie auf der Ebene des Gehirns der Aufmerksamkeit, der Reflexion, dem Speichern und der Umsetzung eines Prinzips. Wie der Verdauungsprozess die Reste, bringt der Denkprozess Gedanken hervor. Es wäre falsch, die ersten zurückzuhalten. Ebenso negativ ist es, Gedanken nachzuhängen und nicht aktiv zu werden. Alle Krankheiten betreffender Organe können in übertragenem Sinn mit praktischen Fragen des täglichen Lebens in Verbindung gebracht werden.

Der Verdauungsapparat bekommt die Nährstoffe der Lebensmittel zugeführt, er verdaut sie, nimmt sie auf und entsorgt die überflüssigen Bestandteile. Er besteht aus den nachfolgend angeordneten Bereichen Mund, Rachen und Speiseröhre. Darauf folgen Magen, Dünndarm (unterteilt in Zwölffingerdarm, Leerdarm und Krummdarm), Dickdarm (Blinddarm, Kolon und Mastdarm) sowie Anus. Die Oberfläche dieses Traktes muss den sich dort befindenden Enzymen widerstehen und eine korrekte Absorption, eine Abwehr und Hormonsteuerung gewährleisten, wobei Bakterien helfen. Einige Bereiche bestehen aus glatter Muskulatur, die von vielen unbewusst arbeitenden Nervensträngen durchzogen ist. Indem sie die Darmröhre je nach Bedarf erweitert oder zusammenzieht, ermöglicht sie das Vorangleiten der Nahrung (Peristaltik).
Zuerst wird das Essen von den Zähnen zerkleinert und vom Speichel angegriffen. Der Speisebrocken gelangt in den Rachen und dann in die Speiseröhre. Ihre Kontraktion zwingt ihn dazu, den Magenmund (Cardia) zu passieren und in den Magen zu gelangen. Das Epithelgewebe des Magens sondert Flüssigkeiten und Chlorsäure ab, damit seine Proteine aufgenommen werden können. Dieser Prozess kann bis zu 3 oder 4 Stunden dauern. Das nun in Speisebrei umgewandelte Essen kann den Pylorus (Magenpförtner) passieren und den ersten Teil des Dünndarms, den Zwölffingerdarm erreichen.
Der Dünndarm führt vom Magen zum Dickdarm. Er ist 6 bis 8 Meter lang und in Zwölffingerdarm, Leerdarm und Krummdarm gegliedert. Auf ihn folgen dann 2 Meter Dickdarm, unterteilt in Blinddarm, Kolon (aufsteigender, querliegender und absteigender Dickdarm) und Mastdarm. Wichtige Organe wie die Leber, die Gallenblase und die Bauchspeicheldrüse geben ihre Säfte in den Dünndarm ab, die dort wirken. Dank der Arbeit der Galle (welche die Fette löst), ihres Bauchspeicheldrüsensekrets (aus Amylase, Trypsin und Lipase) und des Darmsaftes (der Enzyme für die Umwandlung der Nährstoffe in Aminosäuren, Glucose, Fettsäuren und Glyzerin enthält) wird hier die Verdauung weitergeführt.
Der Dünndarm hat eine unregelmäßige Oberfläche mit Ausstülpungen der Schleimhaut zum Absorbieren der essentiellen Nährstoffe. Durch ihre fingerähnliche Form steigern diese Auswüchse die aufnehmende Fläche maßgeblich. Da Zöliakie besonders diese Zotten schädigt, führt die Erkrankung leicht zu Mangelerscheinungen.

WAS IST ZÖLIAKIE?

Der Begriff Zöliakie kommt von *koilía*, was im altgriechischen "Höhlung" oder "Bauch" bedeutet. Er bezieht sich auf den mit der Erkrankung einhergehenden aufgeblähten, hervortretenden Bauch. Bei ihr handelt es sich um eine permanente Unverträglichkeit von Gluten, einer Verbindung vegetarischer Lipoproteine. Die Lipoproteine bestehen aus zwei verschiedenen Proteinen, dem Glutelin und dem Prolamin.
Glutelin und Prolamin sind in allen Getreidearten vorhanden, aber nur in einigen Mehlsorten entsteht Gluten. Als Klebereiweiß ist es nicht direkt im Mehl enthalten, sondern bildet sich beim Mischen mit Wasser. Nur im Teig kommt es zu diesem Proteinzusammenschluss. Er entwickelt sich bei einer Vielzahl von Mehltypen, genauer bei Weizen (Hart- und Weichweizen), Roggen, Gerste, Dinkel, Grünkern, Triticale und Kamut. Die Proteine von Weizen bestehen zu 80 % aus Gluten und das in Mehl aus hartem Korn ist problematischer als das aus weichem. Reis, Mais, Hirse und Sorgho sind Getreide ohne diesen Inhaltsstoff. Auch Amaranth, Quinoa und Buchweizen sind frei von ihm – weil es sich dabei nicht um Getreide handelt. Ebensowenig enthalten ist Gluten in Hülsenfrüchten, Obst und stärkehaltigem Gemüse, wie Kartoffeln, Tapioka und Kastanien. Hafer stellt einen Sonderfall dar, bei Zöliakie sollte er nicht verwendet werden. Wenn in kleinen Mengen auf ihn zurückgegriffen wird, kann er möglicherweise verträglich sein. Einigen Studien zufolge ist reiner Hafer, der während seiner Bearbeitung nicht mit Gluten in Kontakt kam, für 99 % aller Allergiker unschädlich. Leider kann das selten gewährleistet werden, weswegen man von ihm abrät.
Jedes Lebensmittel aus den genannten Mehlarten wirkt bei der Erkrankung giftig: Es verursacht mehr oder weniger schwere Schäden am Dünndarm. Sie werden im Anfangsstadium der Krankheit ausgeglichen, wenn die Kost danach ausgerichtet ist. Langfristig aber können dauerhafte Schädigungen die Folge sein. Um mit Zöliakie zurechtzukommen, müssen nicht nur zum Alltagsbedarf gehörende Nahrungsmittel wie Brot, Nudeln, Pizza und Kekse vom Speiseplan gestrichen werden. Sondern es sollte auch die kleinste Spur von Gluten beseitigt werden. Generell sind umfassende Kenntnisse zur Ernährung erforderlich, denn die Aufnahme von Kleber in noch so geringer Form kann zu Schwierigkeiten führen.
Töpfe und Küchengeräte, die in der Vergangenheit mit Gluten in Kontakt waren, dürfen nicht mehr benutzt werden, da auch beim mindesten Rück-

stand die Krankheit wieder spürbar werden kann. Der Glutenintolerante muss Essen zu sich nehmen, das in einem geschützten und sicheren Umfeld zubereitet wurde. Das gilt auch für außerhalb der Wohnung, etwa bei Besuch oder im Restaurant.
Ein tiefgekühltes Fischfilet wirkt in diesem Fall wie ein angemessenes Nahrungsmittel. Aber wenn der herstellende Betrieb auch panierten Fisch (der mit einer knusprigen Hülle aus Semmelmehl überzogen und somit glutenhaltig ist) produziert und ihn auf demselben Fließband transportiert, kann das Filet verschmutzen. Aufgrund dessen muss es vor dem Verspeisen gut unter fließendem Wasser gewaschen werden. Ähnlich verhält es sich, wenn Maismehl in einer für Getreide verwendeten Mühle gemahlen wird. Ablagerungen des Getreides können sich auch in den Maisprodukten finden. Deshalb hat die Fertigung glutenfreier Lebensmittel getrennt von anderen zu erfolgen.
Abgesehen von diesen zufälligen Verunreinigungen gibt es solche durch den versteckten Glutengehalt von Soßen, Konserven und Würsten. Gleiches gilt für Cremes, Eis, Würzmittel, Geschmacksverstärker, Diät-Zusatzstoffe, Medizin und Anderes. Speisen und Getränke werden als glutenfrei und unverschmutzt anerkannt, wenn der Anteil unterhalb von 20 Teilen pro Million (ppm) liegt. Im Handel finden sich bereits Instrumente, mit denen Prozentsätze unter 32 ppm festzustellen sind. Zugleich werden neue Methoden entwickelt, mit denen Werte bis 0,006 ppm messbar sind. Das auf Verpackungen sichtbare Logo mit einer durchgestrichenen Getreideähre garantiert einen Gehalt unter 20 ppm. Der so gewährleistete Ausschluss von Gluten sorgt für eine ausgezeichnete Gesundheit, kann aber die Ursache nicht beheben. Unabhängig davon ist ein lebenslanger, vollständiger Verzicht auf diese vegetarischen Proteine nötig.
Die Zöliakie wurde dank der Beoabachtungen des holländischen Kinderarztes Wilhelm Karel Dicke entdeckt. Er konnte eine Verbesserung bei verschiedenen seiner Patienten nachweisen, denen es aufgrund des Lebensmittelmangels während des II. Weltkrieges vor allem an Brot und Getreide fehlte. Sie aßen deswegen vorrangig Kartoffeln. Ihr Zustand verschlechterte sich rapide mit der Rückkehr zur normalen Kost nach Ende des militärischen Konflikts. Noch bis vor circa 20 Jahren wurde Zöliakie zu den Kinderkrankheiten gezählt und als relativ selten eingeschätzt.
Inzwischen ist nachgewiesen, dass die Zahl der Betroffenen nicht nur steigt, sondern Erwachsene ebenfalls dazugehören. Sie leiden daneben

unter einer Symptomatik, die bis vor Kurzem nur als "Reizdarm" beschrieben wurde. Man geht davon aus, dass eine von 100-150 Personen in Europa an Zöliakie erkrankt ist, während Reizdarm (*gluten sensitivity* oder Glutensensitivität) bei 6 % der Bevölkerung zu finden ist. In den USA ist einer von 133 (einer von 22 in Familien mit Sprue) betroffen, das heißt mehr als 2 Millionen Bürger. In Deutschland wurden 400 000 Menschen gezählt, 85 % davon sind symptomfrei, während 15 % Krankheitszeichen aufweist und sich einer Diät-Therapie unterzieht. Jedes Jahr werden hierzulande ungefähr 10 000 neue Fälle verzeichnet, die jährliche Zuwachsrate liegt bei fast 10 %.

Glutenintolleranz ist bei Kindern und Heranwachsenden weit verbreitet, auch wenn häufig nur ein Verdacht und keine Diagnose vorliegt. Die Feststellung der Krankheit ist nicht immer zwingend nötig. Denn es sind Signale, die darauf hinweisen und als ausreichend gelten, um eine kleberfreie Nahrung anzubieten. Dazu gehören ein irritierter Darm, Durchfall, Gewichtsverlust, Verhaltensauffälligkeiten und ein familiärer Hintergrund mit Zöliakie. Die aufgeführten Faktoren lassen darauf schließen, dass die Erkrankung mit unspezifischen gastrointestinalen und psychischen Störungen einhergeht. Möglicherweise wird ihre Ausprägung davon beeinflusst, wie andere Familienmitglieder mit Zöliakie auf eine Diät reagieren.

Die Symptome sind sehr allgemein und unspezifisch, vor allem am Anfang. Es gibt mindestens vier verschiedene Formen von Zöliakie: die typische (bzw. klassische), die untypische (oder oligosymptomatische), die silente (schleichende) und die latente (auch: potentielle). Bei der typischen, infantilen Zöliakie treten die Anzeichen bereits in den ersten Lebensmonaten auf. Naturgemäß zeigen sie sich mit dem Übergang vom Stillen zu anderer Nahrung. Mit dem Weglassen der Muttermilch bekommt das Kind anderes Essen, und damit unvermeidlich auch Gluten zugeführt. Merkmale sind Durchfall und Darmblähungen, Erbrechen, Gewichtsverlust, Wachstumsstörungen, Müdigkeit und ein launischer Charakter. Die schlechte Aufnahme von elementaren Nährstoffen führt zu Vitaminmangel, einem Elektrolytdefizit (Magnesium und Kalium), Erschöpfung, Appetitlosigkeit, Anämie, Rachitis, verminderter Blutgerinnung und anderen Beschwerden. Dies kann heute immer früher dank moderner Bluttests festgestellt werden.

Die untypische Zöliakie, bei welcher der Darmtrakt nicht allzu stark beteiligt ist, schlägt sich mit Anämie und Dermatitis nieder. Häufig sind kleinere Menschen von ihr betroffen, es treten Magenschmerzen, Muskelkrämp-

fe, Aften im Mund, Osteoporose und Störungen des Knochenstoffwechsels (durch mangelnde Kalziumzufuhr) auf.
Bei der silenten Zöliakie sind fast keine deutlichen Anzeichen zu bemerken. Sie geht mit Darmschädigungen einher, die mit glutenfreier Kost behoben werden. Meist wird diese Form durch ein Screening bei Familienmitgliedern von schon Erkrankten festgestellt. Bei der latenten Ausprägung ist der Darm noch gesund, weswegen mit Blutproben darauf untersucht wird. Eine restriktive Nahrungseinschränkung ist nicht nötig, aber Betroffene sollten sich jederzeit für eine Kontrolle bereithalten.
Einige Krankheiten treten gemeinsam mit Zöliakie auf. Günstig ist, sie zu kennen, da sie gegebenenfalls eine sich anbahnende Glutenintoleranz anzeigen. So kann rechtzeitig mit der Diät begonnen werden. Sie kann helfen, die Aufnahme von Medikamenten über die Darmschleimhaut zu verbessern und den Behandlungserfolg dieser Erkrankungen zu gewährleisten. Unter den bekanntesten seien Autoimmunkrankheiten wie Diabetes Typ 1, rheumatische Arthritis, Schilddrüsenentzündung und die Addison-Krankheit der Nebenniere genannt. Dazu gehört auch das meist Erwachsene betreffende Sjögren-Syndrom. Bei ihm trocknen Haut und Schleimhaut aus und die Tränen schützen das Auge nicht mehr (nötig sind Tränen-Ersatzmittel). Manche Kinder mit Zöliakie leiden außerdem am Down-Syndrom oder Trisomie 21.
Einer großen Zahl von Autoimmunkrankheiten – wie auch die Zöliakie – sind durch Erbanlagen und darunter speziell durch die Haplotype HLA (DR3, DR4, DQ2 und B8) bedingt. Die Haplotypen HLA sind genetische Abweichungen, welche die Lymphozyten beeinflussen und so zum Auslöser werden.

URSACHEN

Zöliakie (auch: gluteninduzierte Enteropathie, nichttropische Sprue oder intestinaler Infantilismus) gilt als eine durch verschiedene Faktoren hervorgerufene Krankheit. Ein entscheidender ist die erbliche Komponente, denn sie tritt häufig in denselben Familien auf. Auf der Membran einiger weißer Blutkörperchen finden sich Haplotype, die bei ihrer Herausbildung eine entscheidende Rolle spielen. Circa 80 % der Zöliakie-kranken Kinder weist als HLA-Antigen DQ2 auf. Die genetische Veranlagung hat einen Einfluss, reicht aber zum Ausbruch nicht aus. Für manche Erkrankungen ist eine einzige genetische Veränderung verantwortlich. Bei anderen sind

mehrere Gene beteiligt und da keins sie allein zum Ausbruch bringt, können Umweltbedingungen, wie beispielsweise die Ernährung, ihr Auftreten fördern oder unterdrücken. Zu diesen zählt die Zöliakie.
Von ihr sind einige Bevölkerungsgruppen besonders betroffen, zu ihnen gehören Europäer und Amerikaner mit europäischer Abstammung. Das europäische Land mit der höchsten Quote ist Finnland. Man geht jedoch davon aus, dass Zöliakie in Asien und Afrika nur seltener auftritt, weil weniger Gluten als in Europa und Nordamerika konsumiert wird. Weiterhin ist sie eher bei Frauen zu finden, die Zahl der weiblichen Erkrankten ist fast doppelt so hoch wie die der männlichen. Folglich wirken genetische Grundlagen, hormonelle Einflüsse und Aspekte der Ernährung zusammen. Hinzu kommt, dass die Erkrankung oft zum ersten Mal nach einem chirurgischen Eingriff, einer einer Geburt, einem Trauerfall, einem Unfall, einer Krankenhauseinweisung, d.h. einem Trauma oder starkem Stress auftritt. Auch eine einfache Virusgrippe kann der Anfang sein. Kürzlich wurde nachwiesen, dass sie durch eine gewöhnliche Infektion mit einem Rotavirus beginnen kann, der banale Magenschmerzen oder eine Darmentzündung auslöst. 90 % der Deutschen kam mindestens ein Mal mit diesem Virus in Kontakt, hat aber keine Zoliakie.
Daher geht man davon aus, dass der Virus nur bei genetischer bzw. familiärer Veranlagung die Haftfähigkeit zwischen zwei Zellen der Darmzotten verändert. So kann Gluten in die Zwischenräume dringen und eine entzündliche Reaktion folgt. Auf die Entzündung reagieren für die Verteidigung des Organismus verantwortliche Zellen, die Lymphozyten. Sie stimulieren die Produktion spezieller Antikörper, die ein besonderes Protein des Virus angreifen, um ihn zu zerstören. Die Antikörper greifen aber auch dem Gluten ähnliche Proteine an, die verdaut werden und sich an der Oberfläche der Zellen der Darmzotten befinden. Dabei lösen sie einen Entzündungsprozess und eine Rückbildung der Zotten aus, die dann weniger Nährstoffe aufnehmen können.
Der wesentlichste "Umwelt"-Faktor besteht im Vorhandensein von Gluten im Bereich der Darmzotten. Zöliakie ist deshalb eine Autoimmunkrankheit, weil durch den Virus fehlgeleitete Lymphozyten und Antikörper einen Teil des Organs angreifen. Sie lösen eine chronische Entzündung und die Zerstörung des Gewebes bis zur Beeinträchtigung seiner Funktion aus. Derartige Verletzungen treten anfangs im Dünndarm und besonders im Zwölffingerdarm, später im Leerdarm und am Ende im Krummdarm auf.

Bei Kindern erneuern sich die Zellen der Dünndarmzotten innerhalb von 3 bis 6 Monaten nach Beginn einer glutenfreien Diät. Bei Erwachsenen dauert es manchmal Jahre. Sobald die Zotten wieder intakt sind, können sie wie gewohnt die Nährstoffe aufnehmen. Sie übertragen die Stoffe ins Blut und ein eventueller Mangel wird behoben.
Das Blut von Glutenallergikern weist spezielle Antikörper auf, welche die Autoimmun-Reaktion belegen und bei Gesunden nicht vorhanden sind. Nicht auszuschließen ist, dass die Erkrankung häufiger im Zusammenhang mit anderen Autoimmunkrankheiten oder bei langanhaltender körperlicher Verausgabung auftritt.

SYMPTOME

Zöliakie ist eine Krankheit mit vielen möglichen Facetten, die von Person zu Person variieren. Sie kann den Anschein verschiedenster Darmbeschwerden wie Vergiftung, Magengeschwür, Colitis ulcerosa, einer parasitären Infektionskrankheit und anderer mehr erwecken.
Das erste beeinträchtigte Organ ist der Dünndarm, der sich beim Vorhandensein von Gluten unvermeidlich entzündet und verkümmert. Das führt wiederum zur verschlechterten Aufnahme von Nährstoffen. Schmerzen, Krämpfe und gesteigerte Gasbildung im Darm, Durchfall, seltener Verstopfung und Erbrechen sind die Folge. Der aus der behinderten Verdauung resultierende Durchfall verstärkt den Flüssigkeits- und Nährstoffmangel. Da einige Enzyme wie Sekretin unzureichend wirken, werden auch Fette und Proteine nicht vollständig aufgenommen. Aufgrund von Autoimmun-Mechanismen entwickeln Betroffene des Öfteren eine Laktose-Intolleranz und können weder Milch noch Käse verarbeiten. Beim Weglassen von Gluten ist jedoch bei Laktose-Intolleranz eine Verbesserung festzustellen.
Die im Darmbereich empfundenen Schmerzen entsprechen normalerweise etwa denen bei Kolitis. Sie sind mittelstark, krampfähnlich und nicht anhaltend. Größere Mengen Gase, die bei der Gärung von Keinem im Kolon entstehen und sich dann in den Windungen des Dickdarms ausbreiten, sind dafür verantwortlich.
Die eingeschränkte Nährstoffzufuhr kann eine weite Bandbreite an Symptomen auslösen. Beim Kind führt sie zu Müdigkeit, Gewichtsverlust und verzögertem Wachstum. Auch beim Erwachsenen ist fast immer eine leichte Ermüdbarkeit zu beobachten. In einigen Fällen geht sie mit niedrigem Blut-

druck und dem Mangel an Kalium und Magnesium einher. Unwohlsein, Kraftlosigkeit und Spannungskopfschmerz treten auf. Aufgrund eines Defizits an Dentin können sich Schäden am Zahnschmelz ergeben. Es steigt die Gefahr von Entzündungen im Mund und an der Zunge sowie von Knochenbruch wegen fehlendem Kalzium und Vitamin D (das auch der Grund für Regulationsstörungen der Schilddrüse, Missempfindungen der Haut und Muskelschmerzen ist). Anzuführen sind Anämie aufgrund von Eisen-, Folsäure- und Vitamin B12-Mangel sowie Blutgerinnungstörungen durch das Fehlen von Vitamin K. Weiterhin zu nennen sind Kribbeln an Händen und Füßen sowie Gliederschmerzen. Hinzu kann Polyneuropathie wegen der fehlenden Aminosäure Tiamin kommen. Schließlich sind auch Schwierigkeiten beim nächtlichen Sehen bei Vitamin A-Defizit und depressive Verstimmung möglich.
Häufig treten Haarausfall in eingegrenzten Zonen und Dermatitis herpetiformis Duhring auf. An diesem Ausschlag leiden etwa 20 % der Glutenintolleranten, er löst ein starkes Jucken und Bläschenbildung aus. Davon sind vor allem die Ellbogen, die Knie und der Po betroffen – Hautstellen, die auch eine Schuppenflechte angreift. Behandeln lässt sich die Dermatitis mit Antibiotika wie Dapson und Cortison.
Beim Vernachlässigen der Glutenvermeidungs-Diät kann sich das Spektrum an gesundheitlichen Beeinträchtigungen noch ausweiten. Bei Frauen steigt das Risiko einer unregelmäßigen Menstruation und Fehlgeburt, bei Männern das von Unfruchtbarkeit. Mitunter sind die Symptome so schwach und undeutlich ausgeprägt, dass sie nicht vorhanden zu sein scheinen. Gelegentlich finden sich nur eine Erhöhung der Enzyme der Leber (GOT und GPT) und eine eingeschränkte Funktionsfähigkeit der Milz. Die Krankheitszeichen hängen immer von der persönlichen genetischen Veranlagung, der gewählten Ernährung, Umwelteinflüssen und dem erlebten Stress ab.

KOMPLIKATIONEN

Eine rigorose Diät verhindert alle Schwierigkeiten. Ein sich um eine entsprechende Ernährung bemühender Glutenallergiker wird ein ganz normales Leben haben. Im Gegensatz dazu kann der weitere Verzehr einer Kost mit Gluten, beispielsweise aufgrund einer spät gestellten Diagnose, zu Komplikationen führen.
Bei schwierigem Krankheitsverlauf kann Zöliakie die Entwicklung des Lym-

phoms, eines Darmtumors, auslösen. Bei von ihr Betroffenen sind 50-100 mal mehr Lymphomfälle zu verzeichnen als beim Rest der Bevölkerung. Schnell bemerkbare Anzeichen für ein Lymphom können bei Jüngeren ein Darmverschluss oder ein akuter Schmerz sein, ähnlich dem bei Blinddarmentzündung oder bei Darmdurchbruch. Ältere leiden unter einer Verschlechterung des Allgemeinzustands, leichtem Fieber, Übelkeit, Durchfall und Gewichtsabnahme bis zur Anorexie. Auch die Entstehung eines weiteren Tumors innerhalb des Verdauungsapparates ist häufig zu beobachten, sei es ein Karzinom im Rachen, in der Speiseröhre, im Magen oder im Dünndarm.

Eine andere Folge der Erkrankung kann Hyposplenismus, die eingeschränkte Funktionsfähigkeit der Milz sein. Hypertrophie oder Atrophie der Milz weisen 30 % der Erwachsenen mit Glutenunverträglichkeit auf. Mit Ultraschall ist leicht das entscheidend verkleinerte Volumen der Milz festzustellen; eine normale Blutuntersuchung identifiziert alte rote Blutkörperchen, die nicht von ihr aufgenommen wurden. Ihre verminderte Leistungsfähigkeit schwächt die Abwehrkräfte, weshalb sie möglicherweise mit einer Infektion mit Pneumokokken einhergehen kann. Zusätzlich erleichtert sie die Entwicklung anderer Autoimmunerkrankungen.

Außerdem kann ein chronisches, tiefliegendes Substanzdefekt im Leerdarm und Krummdarm auftreten, möglicherweise verbunden mit Blutungen und Durchbrüchen an den betreffenden Stellen. Diese Komplikation kann ein Anzeichen für nicht erkannte oder unbehandelte Zöliakie sein. Sie geht mit plötzlichem Unwohlsein, Fieber, Darmschmerzen, Anämie und einem Anstieg von weißen Blutkörperchen einher.

Andere mögliche Konsequenzen reichen von Autoimmun-Krankheiten wie Diabetes Typ 1, Störungen der Schilddrüse, der Leber und der Nebenniere, rhematoider Arthritis über Lupus erythematodes bis hin zum Sjögren-Syndrom und Kardiomyopathie.

Nicht zuletzt können verschiedene Folgeproblematiken der verminderten Nährstoffaufnahme wie Vitaminmangel (Avitaminose mit fehlender Folsäure, den Vitaminen A, B12, D, E und K), Nervenleiden, kreisrunder Haarausfall, Dermatitis und Schleimhautschädigungen im Mund auftreten. Veränderungen am Zahnschmelz, trockene Augen wegen Hypolacrimie, Ödeme aufgrund von Proteinmangel im Blut, Parästhesien an den Gliedmaßen und Gefäßkrankheiten häufen sich. Möglich sind außerdem Osteoporose und Knochenbrüche, Nierenstein (aus Kalzium-Oxalat), Blutarmut, Frühge-

burt und Unfruchtbarkeit. Im neurologischen Bereich wurden Epilepsie und Enzephalopathie als Begleiterscheinungen beobachtet. Als weniger gravierend erweist sich Zöliakie in psychologischer Hinsicht. Die durch sie bedingte Wahrnehmung eines Andersseins kann Angst und Depression auslösen.
Zu den Ärzten, deren Rat grundsätzlich im Vordergrund stehen sollte, gehören Kinderarzt, Internist, Gastroenterologe und Diätologe. Je nach den möglicherweise auftretenden Komplikationen (und dem Geschlecht) wird es jedoch vorteilhaft und notwendig sein, auch einen Gynäkologen, Rheumatologen, Zahnmediziner, Endokrinologen oder Dermatologen aufzusuchen. Hilfreich kann auch das Konsultieren eines Neurologen oder Psychologen sein.

DIAGNOSE

Häufig wird ohne die genaue Diagnose von Zöliakie auf eine glutenfreie Heilkost umgestellt. Dies kann zu einer Verstärkung der Symptome und einem verspäteten sicheren Befund führen. Kürzlich wurde zwar nachgewiesen, dass der Beginn einer solchen Diät beim Feststellen von Krankheitszeichen helfen kann. Er erlaubt beispielsweise zu überprüfen, ob beim Ändern der Ernährung die Anzeichen nachlassen. Andererseits kann der über ein Jahr dauernde, alleinige Verzicht auf Kleber langfristig zu einem größeren Schaden an den Darmzotten führen. Das liegt daran, dass er immer wieder umgangen wird, da der Betroffene – der nicht genau weiß, ob er erkrankt ist – die Regeln bricht. Der Arzt hat in diesem Fall wenig Handlungsspielraum, da er gegenüber den Patienten nicht nachdrücklich genug zum Einhalten einer glutenfreien Diät auffordern kann.
Außerdem weisen Erwachsene oft untypische Erscheinungsbilder auf und ein Teil ähnelt denen anderer Krankheiten. Deswegen ist Zöliakie bei einer ersten Untersuchung nicht immer zweifelsfrei zu erkennen. Möglicherweise wird sie unterbewertet oder mit schlechter Verdauung und Blutarmut verwechselt.
Eine Stuhluntersuchung reicht meist nicht aus. Obwohl der Stuhl von Erkrankten fetthaltig ist (Steatorrhoe), hilft dieses Indiz nicht, da dies auch bei anderen Darmkrankheiten auftritt. Als effizientere Methode erweist sich eine nun angesetzte Glutenvermeidungs-Diät: Sie zeigt, ob die Beschwerden zurückgehen.

Präzisere Erkenntnisse liefert die Untersuchung von Antikörpern, die aufgrund von Viren entstehen, um die durch Gluten verursachte Entzündung zu bekämpfen. Die häufigsten sind die EMA (Antikörper gegen Endomysium), die AGA (Gliadin-Antikörper) und die TGA (Antikörper gegen Transglutaminase). Tests für andere Antikörper (wie Anti-Retikulin) werden gerade entwickelt. Die EMA und die AGA sind vertrauenswürdig, die TGA zeigen teilweise falsche Positiv-Werte an. Patienten mit höheren Werten an EMA und AGA im Blut sind zu 95 % glutenallergisch. Eine derartige Untersuchung muss vom Diätologen vorgenommen werden, der auf alles andere Wissenswerte im Zusammenhang mit Gluten verweisen kann.
Einige Formen von Zöliakie sind Antikörper-negativ, bei einem Verdacht darauf wird eine andere Methode angewendet. Mit völliger Sicherheit lassen sie sich nur durch eine Gastroskopie mit Biopsie des Zwölffingerdarms oder des Leerdarms feststellen. Dabei führt man einen dünnen Schlauch (das Endoskop) über den Mund in den Magen ein und leitet ihn bis zum Dünndarm. Dort wird eine Probe entnommen. Sie kann auf die für Zöliakie typischen Schädigungen überprüft werden: das Abflachen und die folgende Verkümmerung der Zotten und die spätere Infiltration von Lymphozyten. Wenn das Ergebnis positiv sein sollte, bietet sich ein Screening bei allen Verwandten ersten Grades an. Doch das Resultat kann ebenfalls auf eine Magen-Darm-Grippe mit gänzlich anderer Symptomatik sowie Milch- und Sojaallergien (die allerdings selten und schon im Kindesalter auftreten) hinweisen.
Zweifelsohne können derartige gewöhnliche Nahrungsmittelallergien ähnliche Beschwerden (Blähungen, Atembeschwerden, Bauchschmerzen) wie Zöliakie auslösen. Allerdings reagiert bei einer Allergie der Körper mit spezialisierten Antikörpern auf die allergene Substanz. Sie kann eingeatmet, berührt oder als Essen zugeführt worden sein. Zöliakie bedarf einer Summe zusammenwirkender Faktoren und wird von den Lymphozyten des Blutes mitverursacht. Eine familiäre Disposition ist in beiden Fällen wesentlich, spielt aber bei einer Allergie eine größere Rolle.
Die häufigsten Allergien in Deutschland sind die gegen Pollen (16 %), Hausstaubmilben und Tierhaare (je 10 %), Nickel (7 %) sowie Nahrungsmittel und Arznei (5-6 %). Letztere nimmt wegen unausgewogener Ernährung, dem Verzehr von tiefgefrorenem und konserviertem Essen, Medikamentenmissbrauch, Wassermangel und psychophysischem Stress zu. Ihre Behandlung erfolgt nach einer Pause von zwei Monaten bis zu einem Jahr mit der graduellen Zuführung des betreffenden Nahrungsmittels. Bei All-

ergien gegen Zusatzstoffe und Konservierungsmittel dominieren diejenigen gegen solche in Fertiggerichten und Süßspeisen. Sie betreffen Aspartam, Benzolsäure, Mononatriumglutamat und Polysorbat 80. Auch Nitrat, Kaliumnitrit, Saccharin und Ascorbinsäure (Vitamin C), Natriumsulfit sowie Natriumdisulfit sind nicht selten unverträglich.

BEHANDLUNG

Eine korrekte Ernährung ist die wichtigste Komponente bei der Behandlung von Zöliakie. Erst wenn kein Gluten mehr aufgenommen wird, kommt sie zum Stillstand. Darmveränderungen können ausgeglichen und Folgeschäden vermieden werden. Die glutenfreie Diät muss lebenslang ohne Ausnahmen beibehalten werden.
Der maximal erlaubte Glutengehalt bei Zöliakie liegt bei 20 ppm. Nach europaweit geltender Gesetzgebung dürfen Nahrungsmittel mit darunter liegendem Anteil mit dem Symbol einer durchgestrichenen Getreideähre als "glutenfrei" gekennzeichnet werden. Leider ist Getreide eine der wichtigsten Grundlagen für abgepackte Lebensmittel. Insofern ist der Konsum spezieller ohne Kleber zu empfehlen, die inzwischen nicht allein in Reformhäusern, sondern auch in Supermärkten eingekauft werden können. Sie sind meist teuerer als die vergleichbaren normalen.
Was das Berufsleben oder Dienstreisen betrifft: In von Großküchen belieferten Mensen und Kantinen wird ein Gespräch mit dem Betreiber oder dem Servicepersonal helfen, verträgliche Speisen zu finden. Möglich ist auch, sich am Salatbuffet zu bedienen. Sinnvoll ist, Angebote für entsprechendes Essen beim betreffenden Referat anzuregen oder über die Notwendigkeit aufzuklären. Wenn regelmäßig Bedarf an derartigen Gerichten pro Tag besteht, wird eventuell das Angebot der Speisekarte geändert. Normalerweise kann auch mitgebrachtes Essen in der Firma geschützt gelagert oder schnell zubereitet werden.
In Hotels zählen Angebote an glutenfreiem Essen zu einem guten Standard. Doch häufig werden in Restaurants Gluten ungewollt aufgenommen. Möglich ist, dass Speisen ohne Kleber serviert werden, aber nicht in davon freien Töpfen gekocht wurden. Oder dass bei der Zubereitung Geschirr und Besteck genutzt wurde, das zuvor in Kontakt mit der Proteinmischung kam und unvermeidlich Reste aufweist. Aufmerksamkeit ist auch beim Trinken von Kaffee in einem Cafè angebracht, er kann mit Malz verunreinigt sein.

Handelsübliches Bier lässt sich durch glutenfreies ersetzen. Vorsicht ist geboten bei anderen industriell hergestellten Getränken, Puderzucker, vorgekochten und mit Aromen angereicherten Speisen wie Fruchtjoghurt und Gewürzen. Gleichermaßen ist darauf hinzuweisen, dass Getreidemehl häufig als Klebe- und Konservierungsmittel eingesetzt wird. Da dies auch für Medikamente gilt, sollte vor der Einnahme immer die Liste der Inhaltsstoffe gelesen werden.
Eine genaue Einhaltung des Diätplans ist in circa 80 % der Fälle als Behandlung ausreichend. Bei der verbleibenden Minderheit wird ergänzend auf eine medikamentöse Therapie zurückgegriffen. Sie unterbindet die Aktivität der Antikörper gegen den Dünndarm. Unabhängig von der gewählten Strategie sollte kontrolliert werden, ob sich begleitende Beschwerden aufgrund der verringerten Absorption im Darm ergeben. Hierzu wird auf Eisen-, Kalzium- und Vitamin D-Mangel geprüft. Eine jährliche Untersuchung bei einem Internisten oder Gastroenterologen und eine von ihm vorgenommene Blutanalyse kann das gewährleisten.
Ein andere Lösung, an der momentan gearbeitet wird, ist eine Impfung gegen den Rotavirus. Wahrscheinlich löst er bei entsprechender genetischer Veranlagung die Krankheit aus. Eine Immunisierung wäre in den ersten Lebensjahren vorzunehmen. Aber noch steht der Impfstoff nicht zur Verfügung.

GLUTENSENSITIVITÄT ODER REIZDARM

Der Reizdarm ist eine seit langem gut bekannte Symptomatik, bei welcher der Darm auffallend sensibel reagiert. Die Folgen sind krampfartige Stiche nach den Mahlzeiten, Blähungen und wechselnde Phasen mit Verstopfung oder Durchfall. Die von ihm ausgehenden Schmerzen beruhen auf einer veränderten Darmflora, einem chronisch verlaufenden lokalen Entzündungsprozess und einer verminderten Tätigkeit.
Der Reizdarm gilt besonders in den Industrieländern als weit verbreitet: Fast einer von fünf Deutschen leidet an ihm, das heißt 20 % der Bevölkerung. Noch verbreiter ist das Krankheitsbild in Mexiko und Brasilien, wo 40 % und mehr davon betroffen sind. Japan und Indien sind die Länder mit der niedrigsten Quote. Frauen klagen doppelt so häufig darüber wie Männer. Die Gründe für die Beschwerden können vielfältiger Art sein. Zu ihnen gehört physischer wie psychischer Stress (Trauerfall, Trennung, Scheidung, Kündigung und Ähnliches), der das Gleichgewicht zwischen dem sympa-

thischen und parasympathischen Nervensystem stört. Auch unbehandelte Erkrankungen des Verdauungsapparates wie Ruhr (ausgelöst durch Erreger wie Shigellen, Campylobacter), chirurgische Eingriffe am Darm sowie eine an raffiniertem Mehl und gesättigten Fetten reiche Ernährung ohne Ballaststoffe und Spurenelemente zählen dazu. Nicht zuletzt sind Veränderungen im Hormonhaushalt (Frauen erleben während der Menstruation eine Verschlechterung) und erbliche Faktoren zu nennen.

Eine Behandlung des Reizdarms muss *ad personam* erfolgen, da jeder Betroffene ein Vorgehen benötigt, das den Besonderheiten seines Falls entspricht. Für manchen ist eine Einschränkung des Milchverbrauchs sinnvoll, ein anderer isst weniger Gemüse oder ihm helfen beispielsweise Probiotoka. Erst unlängst wurde entdeckt, dass der Reizdarm eine im Erwachsenenalter auftretende Form einer Übersensibilität gegen Gluten ist. Während bei Zöliakie eine Autoimmunkrankheit vorliegt, bei der Antikörper die Darmzotten angreifen, wird bei ihm ein angeborener Immunmechanismus ausgelöst.

Noch immer ist der größte Teil der *gluten sensitivity* - oder GS-Fälle nicht ausreichend untersucht. Aufgrund wechselnder und uneindeutiger Symptome sowie fehlender anerkannter Diagnosemittel wird er verkannt. Vor einer Feststellung der Krankheit müssen zuerst Tumore im Darm, Colitis ulcerosa, das Crohn-Syndrom, anatomische Veränderungen des Verdauungstraktes und Schwankungen im Hormonhaushalt ausgeschlossen werden. Zu klären ist, ob es sich nicht um eine Infektion oder eine Divertikulose handelt. Auch eine Darmspiegelung kann angebracht sein.

Beschwerden bei GS sind meist nach dem Stuhlgang weniger stark, häufig liegt ein veränderter Rhythmus und eine wechselnde Konsistenz desselben vor. Er riecht unangenehm und ist schmierig-fettig. Bei Reizdarm sind vier Kategorien an Stuhl festzustellen: harter mit Bällchen bei Personen, die vorrangig an Verstopfung leiden und oft Abführmittel benutzen. Sie haben immer das Gefühl, nicht ausreichend ausgeschieden zu haben. Die zweite mit weichem und wässrigem, formlosen Stuhl bei Personen, die sich zwei bis dreimal täglich oder noch öfter entleeren müssen. Die dritte mit weichem bis härterem Stuhl, also wechselnden Phasen zwischen Durchfall und Verstopfung auch am selben Tag. Eine vierte Gruppe mit lang anhaltenden Phasen an Verstopfung und anderen ausschließlich mit Durchfall (wobei diese unklarste Form ist). Jede dieser vier Symptomatiken macht etwa 25 % der Reizdarmfäl-

le der klinischen Praxis aus. Die Diagnose kann grundsätzlich erfolgen, wenn diese Problematik länger als sechs Monate zu verzeichnen ist. Dann zeigen sich beim Betasten des Bauchs Verhärtungen im Darmbereich, vor allem links.
Die einzelnen Mechanismen, die das Entstehen eines Reizdarms begünstigen, sind bisher nur in Ansätzen untersucht. Auch sein langfristiger Verlauf ist nicht vollständig geklärt. Wie jüngere Forschungsergebnisse zeigen, soll das Vitamin A und seine Stoffwechselprodukte, welche dem Auge und der Haut nützen, an seinem Zustandekommen beteiligt sein. In einem gestressten Darminneren fördert die dem Vitamin A entstammende Retinolsäure örtliche Entzündungen, statt ihnen entgegenzuwirken.
So wurde geklärt, warum Personen mit Jugendakne, die Vitamin-A-Präparate dagegen einnehmen, als Begleiteffekt Verdauungsprobleme haben. Diese gleichen denen bei Reizdarm und Glutenintolleranz.
Für den Heilungsprozess ist es nicht förderlich, verschiedene Nahrungsmittel zu testen und einzeln wegzulassen. Vielmehr werden für kurze Zeiträume krampflösende Arznei und Schmerzmittel verschrieben. Tranquilizer (beispielsweise Bromid) ergänzen sie möglicherweise, wenn die Betroffenen von Angstzuständen und Depressionen berichten. Gegen den Durchfall kann Fructose, Sorbit und Mannitol eingenommen werden, die eine verstärkte Flüssigkeits- bzw. Wasseraufnahme begünstigen. Bei Verstopfung sind natürliche Abführmittel aus Tamarinde und Pflaumen zu empfehlen.
Blähungen kann durch den Verzicht auf Gluten entgegengewirkt werden. Ballaststoffe und Probiotoka (oder Milchfermente) mit lebenden Organismen, die den Zustand und die Funktionsfähigkeit der Darmflora verbessern, ersetzen sie. Wenn sie sich im Gleichgewicht befindet, wird die Bildung von Krankheitserregern verhindert, die Funktion der Zotten und die reguläre Aufnahme von Vitaminen und Mineralien gewährleistet. Die am meisten verbreiteten Milchfermente sind Laktobazillen und Bifidobakterien. Sie trotzen der Chlorsäure im Magen, gelangen aktiv in den Darm und vermehren sich dort. Milchfermente sind besonders nützlich bei Verstopfung und bei Durchfall. Wichtig sind sie ebenso beim Verabreichen von Antibiotika.
Naturbelassener, weißer Joghurt kann ein sinnvoller Ersatz für die im Handel erhältlichen Milchfermente sein. Bei ihm gilt es darauf zu achten, dass er – wie es häufig geschieht – keine Zusatzstoffe enthält. Zugleich sollte die genossene Menge nicht allzu groß sein.

GETREIDE VERBOTEN

Folgendes Getreide ist zu vermeiden:

Dinkel (in Suppe, Kleie, Malz usw.)
Dinkel (Mehl für Süßwaren wie Plätzchen usw.)
Gerste (Malzkaffee, Keks, Suppe, Pasta, Brot, Pizza, Paniermehl usw.)
Grünkern (Brot, Fladenbrot, Pizza, Grissini, Suppe usw.)
Hafer, da er (in Suppe, Joghurt mit Zerealien, Fertigspeisen usw.) oft mit Malz und / oder anderem Getreide verunreinigt ist
Kamut (Mehl, Plätzchen, Zwieback usw.)
Roggen (Brot, Cracker, Grissini usw.)
Seitan (Tofu, einige vegetarische Beilagen, die meisten Sojasoßen)
Triticale, Kreuzung aus Weizen und Roggen (Mehlmischungen, Keks, Zwieback usw.)
Weizen (Hart- und Weichweizen, Pasta, Brot, Pizza, Cornflakes, Weizenkeime, Paniermehl usw.)

UNGEEIGNETE NAHRUNGSMITTEL

Bier
Brot aus zu meidendem Getreide
Bulgur
Couscous
Cracker aus zu meidendem Getreide
Cremes aus zu meidendem Getreide
Crêpes aus zu meidendem Getreide
Croûtons aus Brot
Fladenbrot
Flocken aus zu meidendem Getreide (Cornflakes)
Focaccia-Brot aus zu meidendem Getreide
gefüllte Pasta (Tortellini, Ravioli usw.)
gefüllte Teigtaschen
gekochte Speisen mit Soßen, die Getreidemehl enthalten (Béchamelsoße usw.)
Gemüse mit Getreide (tiefgefrorene Suppen)
Getränke mit Gerste (Gersten- und Malzkaffee, Gerstenmischungen, usw.)
Getränke mit Gerste (Malt Whisky, Likör usw.)
Getränke mit Hafer
Getränke mit Roggen
Getreideschrot
Getreidesuppe
getrocknete Feigen, mit Mehl bestäubt
Gnocchi alla romana
Gnocchi aus Kartoffeln
Gries
Gries aus zu meidendem Getreide
Grissini aus zu meidendem Getreide
Haferbrei
Joghurt mit Keksen
Joghurt mit Malz
Joghurt mit Zerealien
Kekse aus zu meidendem Getreide
Kleie aus zu meidendem Getreide
Konfiserie aus zu meidendem Getreide
Kroketten aus zu meidendem Getreide
Lebensmittel mit Mehlhülle (Gemüse, auch im Teigmantel)
löslicher Kaffee oder Kaffeeersatz mit Gerste oder Malz
Malz
Malzextrakt aus zu meidendem Getreide

Mehl aus zu meidendem Getreide
Müsli
Mutterhefe oder Sauerteig
Nudeln (Spaghetti, Tortiglioni, Tagliatelle usw.)
Paniermehl aus zu meidendem Getreide
panierte Nahrungsmittel (Fleisch und Fisch, panierte Käse usw.)
panierter Käse
paniertes oder mit Teig umhülltes Gemüse
Pizza
Pizzoccheri
Polenta taragna (wenn das Buchweizenmehl mit Getreidemehl gemischt wird)
Salate mit zu meidendem Getreide
Schnitzel oder Fischfilet
Schokolade mit Zerealien
Speisen aus vermengten Zutaten mit Paniermehl (Hamburger, Frikadellen usw.)
Stärke aus zu meidendem Getreide
Suppe aus Getreidemischungen
Süßigkeiten aus zu meidendem Getreide
Taboulé
Taralli
tiefgefrorener Fisch zum Frittieren (Fisch zum Ausbacken, Fischstäbchen usw.)
Toastbrot aus zu meidendem Getreide
Torten aus zu meidendem Getreide
Trockenfrüchte, mit Mehl bestäubt (getrocknete Feigen usw.)
vegetarische Diät-Ballaststoffe aus zu meidendem Getreide
vorgekochter, tiefgefrorener Fisch (Paella, Surimi usw.)
Wodka
Zwieback aus zu meidendem Getreide

RISIKOBEHAFTETE NAHRUNGSMITTEL

Auf die folgenden Lebensmittel ist nicht strikt zu verzichten, ihr Verzehr bleibt jedoch mit einem Risiko verbunden. Da sie möglicherweise während der Produktion mit Gluten verunreinigt wurden, sollten die Inhaltsstoffe kontrolliert und maßvoll genossen werden.

abgepackte Pommes frites
abgepacktes Fleisch
abgepacktes und frisch zubereitetes Eis
angerichtete Polenta
aromatisierter Essig oder Aceto Balsamico ohne D.O.P.-Kennzeichnung
Aufschnitt
Babynahrung mit Fleisch
Babynahrung mit Käse
Babynahrung mit Obst
Backpulver
beigefügter Joghurt
Beilagen mit nicht bekannter Zusammensetzung
Bier
Cremejoghurt
Curry
Eismixgetränke
Fertig-Teegetränke
Fertigbrühe oder Brühwürfel (vegetarisch oder mit Fleischzusatz)
fertiger Pesto
fertiges Risotto
Fertigmischungen für Backwaren
Fertigmischungen für Kakaogetränke
Fertigsoßen
Fleischzusätze für Brühe
frische Waffeln und Waffelgebäck

Fruchtgetränke
Fruchtjoghurt
Fruchtsäfte
gekochter Schinken
Gelatine
Gemüsekonserven
geschmacksverstärkende Aromastoffe
Getränke mit Gerste
Getränke mit Hafer
Getränkegranulat
Getreideflocken
glasierte Früchte
Joghurt mit Malz
Kakao in Pulverform
kalorienreduzierte Butter
kandierte Bonbons
kandierte Früchte
kandierte Kastanien
karamellisiertes Obst
Käsescheiben
Kaugummi
Ketchup
Kondensmilch
konservierter Fisch
löslicher Kaffee
Margarine
Marmelade und Konfitüre
Marzipan
Mayonnaise
Mehl aus glutenfreien Getreidearten
Mehl für Polenta
Milchpulver
Mortadella
Mostrich
Nektar und Fruchtsaft
Öl aus Getreide
Pastete
Plätzchen
Popcorn in Verpackungen
Pudding
Puderzucker
Sahnesoße
Salzergänzungsmittel
Sardellenpaste
Schlagsahne
Schmelzkäse
Schokolade (in Tafelform)
Schokoladen- und Haselnuss-Brotaufstrich
Schweinefleisch in Dosen
Senf
Sirup für Getränke
Soßen, auch aus Soja
Speck
Sprühsahne
Stärke aus alternativen Getreidesorten
Stärke aus glutenfreien Getreidearten
sterilisierte Sahne
Suppe aus verschiedenem Getreide
Tacos
Tapioca
tiefgefrorenes Kartoffelpüree oder zum Anrühren
tiefgekühlte Fertiggerichte mit vorgekochtem Gemüse
Tofu
Torrone
Torten
Tortillas
umhüllte Mandeln
vegetarische Ballaststoffe
verschiedene Cremes
verschiedene Desserts
verschiedene Süßigkeiten
vorgebratene und tiefgekühlte Bratkartoffeln
vorgekochte, verpackte oder fertige Gerichte aus Fisch und Fleisch
Weichkäse
Whisky (nicht schottisch)
Wodka
Wurst
Würstchen

ERLAUBTE NAHRUNGSMITTEL

Die folgenden Speisen und Getränke sind unbedenklich, weil glutenfrei.

Aceto Balsamico D.O.P.
Agar (Meeresalge)
Amaranth
Apfelessig
Blütenpollen
Buchweizen
Butter
Cognac
Eier
einfache Lakritze
Fisch (alle Sorten, wenn frisch)
Fleisch (alle Sorten)
Frisches, eingekochtes und getrocknetes Obst (alle Sorten)
Gelée royale
Gemüse (alle Sorten)
Getränke mit Kohlensäure ohne Zusatzstoffe
Gewürze (alle)
Grappa
Griechischer Joghurt ohne Zucker
Hirse
Honig
Hülsenfrüchte (alle)
Kaffee
kaltgepresstes Olivenöl
Kartoffeln
Kräuter (alle)
Mais
Maniok
Meeresalgen (alle)
Milch und Milchprodukte
Mollusken (alle, wenn frisch)
Obstsäfte ohne Zusatzstoffe
Olivenöl
Pilze (alle essbaren)
Quinoa
Reis
roher Schinken
Rum
Sahne
Schottischer Whisky ohne Malz
Schweineschmalz
Sorgho
Speck
Tee (alle Sorten)
Teff
Tequila
vegetarische Öle (keine aus Getreide)
Wein
Weinessig
Zucker (alle Sorten)

DIE IDEALE WOCHE

Sicherlich wird es in Zukunft effiziente Therapien gegen Zöliakie geben, dabei kann es sich um regelmäßig einzunehmende Arznei ohne Nebenwirkungen oder Impfserum handeln. Oder der Genforschung – die derzeit beachtliche Fortschritte erzielt – gelingt eine Lösung. Im Moment ermöglicht nur eine korrekte Kost mit dem Verzicht auf Gluten eine teilweise Genesung.
Für eine kürzlich an der Universität Harvard in den USA durchgeführte Studie wurden zwei Gruppen von Kindern mit dem Durchschnittsalter von neun (alle zwischen drei und siebzehn) Jahren untersucht. Bei beiden lag wegen nicht spezifischer Symptome wie Phasen mit Durchfall, Gewichtsverlust, psychische Instabilität und familiäre Disposition der Verdacht auf die Erkrankung vor. Jede Gruppe ernährte sich kleberfrei: Eine begann nach der Diagnose damit, die andere ohne das Resultat der Untersuchung abzuwarten. Als Ergebnis wurde bei beiden Gruppen ein Nachlassen der Beschwerden festgestellt, aber auch die Bedeutung eines präzisen Befundes. Tatsächlich ist es ratsam, mit einer passenden Ernährung zu beginnen und zugleich den Untersuchungsprozess einzuleiten, der Gewissheit über die Krankheit gibt. Denn die nötige Diät muss täglich ohne Unterbrechungen oder Zugeständnisse eingehalten und abwechslungsreich gestaltet werden, sodass keine Mangelerscheinungen auftreten.
Dieses Buch kann die Unterstützung eines behandelnden Arztes und seine Vorschläge nicht ersetzen. Vielmehr möchte es diejenigen, die eine gute Küche lieben, auf dem Weg zu einer höheren Lebensqualität unterstützen: Es zeigt, wie unter Beachtung der Vorgaben das Beste aus den geeigneten Zutaten zu erhalten und die uneingeschränkte Lust an Speisen und ihrem Geschmack wiederzufinden ist. Erklärt wird, wie man sich Vollwertiges erlauben und kulinarische Befriedigung finden kann. Dazu bietet es sich an, ein wöchentliches Ernährungsprogramm aufzustellen. Das folgende dient als Beispiel.

MONTAG

FRÜHSTÜCK – 7.30 UHR

Ein reichliches Frühstück ist vor allem montags wichtig, um Kraft zu schöpfen und die neue Woche mit Lernen oder Arbeit zu meistern. Empfohlen werden schwarzer English Breakfast-Tee, Maisplätzchen, Ei und Speck. Ein Teebeutel ist sicher, da er nicht das Risiko von Aromastoffen birgt. Das Ei darf keinesfalls gefriergetrocknet oder vorgewürzt sein, weil eine Glutenverschmutzung damit einhergehen kann. Es sollte frisch sein und kann ganz oder ohne das Eiweiß gegessen werden. Auch beim Speck (oder zum Ei passenden Schinken, wenn kein Übergewicht vorliegt) ist eine geklärte Herkunft entscheidend. Warum also nicht zum Ei etwas Schinken DOP aus Colonnata hinzufügen?

PAUSE – 10.00 UHR
Einen Tag zu beginnen ist immer anstrengend, gerade am Montag. Möglich ist, einige von zu Hause mitgebrachte Kekse oder Grissini aus Mais zu naschen.

MITTAG – 12.30 UHR
Zu Mittag ein einziges Gericht, das nicht zu schwer im Magen liegt, aber genügend Kalorien hat: Zucchini und Lachsscheiben sind ideal. Man kann die beiden Zutaten zu Röllchen formen oder geschmorte Zucchini mit einer Scheibe Lachs garnieren. Das Gemüse ist leicht verdaulich, der Fisch ist reich an Protein und Omega-3-Fettsäuren, die als bewährter Lebensspender und Mittel gegen Alterungsprozesse gelten. Nach Wunsch lässt sich ein Salat als Nachtisch hinzufügen.

KAFFEE – 16.00 UHR
Der Arbeitstag geht zu Ende, aber noch ist etwas Anstrengung nötig. Etwas Pikantes wie zum Beispiel Kartoffel-Grissini mit Paprika liefert die nötige Energie.

ABENDESSEN – 20.30 UHR
Der Montag ist fast vorbei: Am Abend ist nichts geplant, es wird entspannt. Auch der Verdauungsapparat braucht Erholung und keine übermäßige Belastung. Zum Essen sind Putenhappen mit etwas Salat und ein Apfel angebracht. Pute ist ein geschätztes weißes Fleisch mit vielen wertvollen Proteinen, die durch den Salat noch besser von den Darmzotten aufgenommen werden. Den Apfel kann man zum Schluss verzehren, da er – wie auch die Birne – im Magen nicht gärt. Jedes andere Obst sollte zu Beginn der Mahlzeit verspeist werden, besonders, wenn es sich um das Abendbrot handelt.

DIENSTAG
FRÜHSTÜCK – 7.45 UHR
Ein paar Krumiri mit Schokolade und einen Espresso: heute nur ein schnelles Frühstück. Normalerweise ist es auch bei einem kleinen Imbiss wenig zuträglich, zu hasten und sich nicht zu setzen.

PAUSE – 10.15 UHR
Etwas von zu Hause mitgebrachtes Brot aus Reis- und Kartoffelmehl, das in Scheibchen genossen und langsam gekaut wird. Schon sieht die Arbeit im Büro freundlicher aus.

MITTAG – 12.30 UHR
Grütze mit Käse, Kichererbsen und Gorgonzola – ein warmes, würziges Mahl. Kichererbsen

sind nach Bohnen und Soja die weltweit am dritthäufigsten konsumierte Hülsenfrucht. Sie haben viel Eiweiß, Ballaststoffe und Aminosäuren, nur 6 % sind Zucker und Fette. Darüber hinaus liefern sie Kalium, Phosphor, Kalzium und Magnesium, die Vitamine E, C, K und verschiedene der B-Gruppe. Zusammengefasst: Sie schmecken und sind wohltuend.

KAFFEE – 16.30 UHR
Einige Mandelkekse mit Mandelmilch. Sie sind gemeinsam vergleichsweise nahrhaft, deswegen ist mit dem Gebäck nicht zu übertreiben.

ABENDESSEN – 20.30 UHR
Zu Beginn süße Weintrauben. Um den Verdauungsrhythmus zu unterstützen ist es ratsam, die Mahlzeiten immer mit dem zu beginnen, was am schnellsten verdaut wird. So vermeidet man Fermentierung und Völlegefühl. Auf die Trauben folgen delikate Quinoa-Frikadellen mit Leinsamen und Sesam, ein nährstoffreiches und leichtes Essen. Leinsamen haben einen präventiven Effekt gegen Tumore. Insgesamt eine abgerundete Zusammenstellung, ganz an die Bedürfnisse eines Glutenallergikers angepasst.

MITTWOCH
FRÜHSTÜCK – 7.30 UHR
Muffins mit Blaubeeren und Joghurt: Blaubeeren schmecken und helfen mit ihren antioxidanten Anthocyanen, die Augen zu schützen. Sie enthalten Hydroxycarbonsäure, die kanzerogene Stoffe im Verdauungsapparat neutralisiert. Die Beeren wirken auch effizient beim Vorbeugen von Kapillarschwäche und allen anderen Gefäßkrankheiten. Joghurt sorgt für die nötige Balance der Darmflora.

PAUSE – 10.00 UHR
Zwei Käse-Grissini mit Ricotta und Bierhefe stillen ein wenig Hunger.

MITTAG – 12.30 UHR
Bruschetta mit Reisbrot, etwas Tomate und kalt gepresstem Olivenöl von toskanischen Oliven; aber ohne Knoblauch.

KAFFEE – 16.30 UHR
Nur einige Maisplätzchen gegen den Appetit.

ABENDESSEN – 20.30 UHR
Als Vorspeise bieten sich vegetarische Frikadellen aus Nüssen (Pistazien, Pinienkerne, Sesam und Ähnliches), Tofu, Ei, Auberginen und Paprika an. Darauf folgt direkt der zweite Gang: Tintenfisch mit Paprika, Orange und Chili. Vor dem Espresso kann man sich ein Stück Buchweizentorte mit Ananas, Mais und Reis gönnen.

DONNERSTAG

FRÜHSTÜCK – 7.30 UHR

Schwarzer Tee (der Sorte Earl Grey) als Teebeutel, ein Stück frisches Obst der Saison und ein Becher mit 100 Gramm Naturjoghurt.

PAUSE – 10.00 UHR

Die Pause fällt wegen einer unangekündigten Arbeitsbesprechung aus, aber ein wenig Verzicht ist gesund.

MITTAG – 13.15 UHR

Zur Kompensation ein ausreichender und befriedigender Mittagstisch: gebackener, mit Semmelmehl aus Mais panierter Fenchel und ein gemischter Salat aus Äpfeln, Nüssen (Mandeln, Pistazien), Endiviensalat und Chicorée. Als süße Kleinigkeit Torcetti aus Kastanienmehl, Reismehl und Kastanien. Für dieses schmackhafte Ende lohnt es sich, das Kaffeetrinken wegzulassen.

ABENDESSEN – 20.30 UHR

Bruschetta aus Weißbrot mit Trockentomaten und Kapern. Dazu gibt es etwas Gemüse (Karotten, Sellerie, Zucchini und gelbe Paprika) mit Sojasprossen: alles antioxidante Sorten. Vielen Glutenallergikern gelingt es, ihren Umgang mit dem Essen zu ändern und es so ausgewogen zu gestalten, dass alle essentiellen Nährstoffe enthalten sind. Dadurch geraten auch die Kalorien nicht außer Kontrolle und man bleibt beneidenswert schlank.

FREITAG

FRÜHSTÜCK – 7.30 UHR

Frisches, der Jahreszeit entsprechendes Obst, eine Scheibe Brot aus Hirse, ein Löffel Honig und zwei Walnüsse: eine mit Zucker, ungesättigten Fettsäuren und Ballaststoffen versorgende Mahlzeit. Sie muss bis zum Mittag reichen, sollte das zweite Frühstück entfallen.

PAUSE – 10.00 UHR

Waldfrüchte (200 Gramm Erdbeeren, Johannisbeeren, Blaubeeren, Himbeeren) und nach Belieben etwas Bitterschokolade.

MITTAG – 12.30 UHR

Ein warmes Gericht: Tempura mit Hummer. Tempura kommt aus Portugal und wurde später in die japanische Küche übernommen. Es entsteht durch das Eintunken von Fischen, Krebstieren und Gemüse in einen flüssigen Mehlteig aus alternativen Sorten (wie Maisstärke oder Reismehl). Die einzelnen Stücke werden in hocherhitztem Fett – ohne Verschmutzung durch Gluten – ausgebacken. Ein frischer Salat wäre die ideale Ergänzung.

KAFFEE – 16.30 UHR
Die beim 2. Frühstück um 10.00 Uhr übrig gebliebenen Waldfrüchte, dazu das letzte Stück Bitterschokolade.

ABENDESSEN – 20.30 UHR
Gemüsetorte aus geschältem Reis (mit Tomaten, Spinat, Erbsen und Schalotten) und danach eine Omelettrolle mit Zucchini, Karotten und so weiter. Ein appetitliches wie kräftigendes Essen, das aus Zutaten mit vielen Vitaminen und Antioxidantien zubereitet wurde. Im Laufe der Zeit lernen viele Glutenintollerante, kleberfrei zu kochen und erzielen beachtliche Resultate. Enthusiastisch beziehen sie Verwandte und Freunde bei der Zubereitung "ihrer Küche" ein. Manchmal gelingt es ihnen, sie zum Verzehr solcher Produkte anzuregen, indem sie sie Spaghetti aus Reis und Mais, Blätterteig, Plätzchen, Knabberstäbchen und neue Mehlsorten entdecken lassen. Der Vorteil dieser veränderten Ernährung ist offenkundig. Es wird auf regelmäßigere Mahlzeiten geachtet und sie sind kalorienreduzierter.

SAMSTAG

FRÜHSTÜCK – 8.30 UHR
Wer es gewöhnt ist, früh Joggen zu gehen: Nach dem Zurückkommen sollte 1 Liter Mineralwasser ohne Kohlensäure getrunken werden, um den Wasserhaushalt auszugleichen. Ein wenig Obst ersetzt verlorene Vitamine und Salze. Zum Frühstück gibt es dann leckere Pfannkuchen aus kleberfreiem Mehl.

MITTAG – 12.30 UHR
Tagliatelle mit Kakao und Wurst: ein Gericht ohne mehrere Gänge, energiereich und euphorisierend. Es enthält Proteine, Fette und Säuren, außerdem Eisen, Kalzium, Kalium sowie Natrium. Wer als Glutenallergiker nicht unter Bluthochdruck leidet, darf sich ein solches Mahl erlauben. Denn wenn die nötige Diät langfristig durchgehalten werden soll, muss man dafür sorgen, dass sie vielseitig, ansprechend und zufriedenstellend ist.

KAFFEE – 16.30 UHR
Einige Scheiben Hirsebrot mit Walnüssen. Wird die schmackhafte Hirse in die Ernährung einbezogen, tut sie auch den Haaren gut: Sie macht sie kräftiger und glänzender. Die Walnüsse erweisen sich als heilsam, nicht nur von Sprue Betroffene sollten sie schätzen. Die in ihnen enthaltenen Fettsäuren scheinen die geeignetsten, um das Gewebe des Organismus jung zu halten.

ABENDESSEN – 20.30 UHR
Da es Samstag ist, gibt es ein umfangreicheres Diner. Als Vorspeise kommen Brot mit Ziegenkäse und schwarze Oliven auf den Tisch. Sie werden begleitet von frischem sardischem Tomino-Käse und Kräutern, darunter Oregano und Thymian: ein

vielversprechender Anfang. Darauf folgt Ratatouille mit Auberginen, Tomaten, Paprika, Sellerie und etwas Knoblauch. Als erster Gang Lasagne aus Reis mit Pesto und dazu Hörnchen, als zweiter Gang Hühnchenhappen mit Sesam und Mais. Abgeschlossen wird mit ein paar Scheiben Bitterschokoladenrolle aus Rohrzucker, Ei, etwas Butter und einigen Teelöffeln Rum sowie mit dem Kaffee.

SONNTAG

FRÜHSTÜCK – 9.00 UHR

Eine Tasse entrahmte Milch, Plätzchen aus Reis und etwas Naturjoghurt mit ein paar Teelöffeln Honig.

MITTAG – 13.00 UHR

Aufgrund des reichhaltigen Abendessens am Vortag nun etwas Leichtes. Ein großer Salat mit Zitrusfrüchten (Orangen und Zitronen), einigen Korinthen, ein wenig Naturjoghurt und Buchweizen reicht aus.

KAFFEE – 16.30 UHR

Mehr aus Lust als aus Hunger etwas Blätterteig mit Sesam und anderen Körnern.

ABENDESSEN – 20.30 UHR

Das Abendbrot beschränkt sich auf ein Rinderfilet. Das Fleisch kommt aus extensiv betriebener Züchtung, wo moderne und artgerechte Regeln der Haltung befolgt werden. Es kostet etwas mehr als das von intensiv gezüchteten Tieren. Aber es lohnt sich sowohl hinsichtlich des Geschmacks als auch bei der Gesundheitsvorsorge. Ein Mahl, das den Gaumen befriedigt, dem Magen nicht belastet und bekömmlich ist. Außerdem gilt es am nächsten Tag wieder zu arbeiten, weshalb ein zu ausschweifendes Speisen nicht angemessen wäre.

EINIGE RATSCHLÄGE FÜR DAS ESSEN AUSSER HAUS

Wenn nicht selbst gekocht wird, muss sowohl auf die Eigenschaften der Nahrungsmittel als auch auf die angebotenen alkoholischen Getränke geachtet werden. Bier ist verboten, auch wenn es inzwischen schon glutenfreies gibt; Wein und Sekt sind erlaubt. Bei hochprozentigen Likören und Schnaps sollte auf malz- und getreidehaltige (wie Whisky aus Malz oder aromatisierten Grappa, Alkoholika mit Heidelbeeren, Limoncello, Rosolio und regional typische oder selbst gemachte Liköre mit unklarer Zusammensetzung, Gin, Wodka und weitere) verzichtet werden. Verschiedene Forschungen belegen, dass Wodka und Whisky ohne Aromazusätze vertragen werden, aber es ist sicherer, sie wegzulassen. Maximal ein Gläschen Grappa oder Cognac ist gestattet. Für das Essengehen wird empfohlen, ein geeignetes und auch auf Glutenallergiker ausgerichtetes Restaurant zu wählen. Dort weiß das Personal genau, was es berücksichtigen muss und benutzt Töpfe und Geschirr ausschließlich für die speziellen Speisen.

GLUTENUNVERTRÄGLICHKEIT IST KEINE EINSCHRÄNKUNG. ZUTATEN MÖGEN SICH ÄNDERN, ABER EIN GELUNGENER GESCHMACK IST KEINESWEGS UNERREICHBAR. BEI GEBACKENEM WIRD MANCHMAL EINE UNGEWÖHNLICHE KOMBINATION VON BESTANDTEILEN ERFORDERLICH. ABER GESUNDHEIT UND GAUMEN PROFITIEREN DAVON.

Oft fühlt man sich beim Vorbeigehen an einer Bäckerei niedergeschlagen, beim Gedanken daran, dass diese einladende Welt aus reichhaltigen Produkten und Wohlgerüchen verschlossen bleibt. Der Bäcker wird vom ersehnten zum verbotenen Ort, wenn Unwohlsein zum Alltag gehört und die Verdauung gestört ist. Und dies aufgrund der Erkrankung, die meist schleichend spürbar wird und deren Folgen erst im Laufe der Zeit erkennbar sind – und damit noch beeinträchtigender für das Wohlbefinden.

Gerade frischen Delikatessen aus dem Backofen ist nur schwer zu widerstehen. Wie auch dem Duft, der sich in der Küche ausbreitet, wenn man knusprige Spezialitäten wie Brötchen, Blätterteig und Grissini zubereitet. Das schmackhafte Grundnahrungsmittel Brot muss vom Speiseplan gestrichen werden. Oder bleibt es erlaubt? Heute führen viele Supermärkte und Geschäfte Lebensmittel für Menschen mit einer Überempfindlichkeit gegen Gluten. Auf den Tisch können solche kommen, die traditionellen in nichts nachstehen: Fertig-Packungen zum Backen und kleine Brotlaibe, die zu toasten oder nur anzuschneiden sind und sich bis zu einer Woche halten. Aber noch immer ist es relativ schwer, frisches, glutenfreies Brot zu finden. Deswegen bietet es sich an, eines zu Hause zuzubereiten, das bis zu zehn Tage haltbar bleibt, wenn man sich darum bemüht und es beispielsweise in einem Plastikbeutel im Kühlschrank aufbewahrt. Geschnitten wird es dann erst vor dem Verzehr. Wenn es schon in Scheiben ist, empfiehlt sich Toasten, bevor es in den Brotkasten kommt.

Doch wie gelingt selbst gebackenes Brot so, dass es den typischen Geschmack bekommt? Denn für Personen mit Glutenunverträglichkeit werden andere Zutaten

GEBACKENES

verwendet. Ausgeschlossen bleibt Mehl aus Getreide wie Weizen, Roggen, Gerste, Hafer, Dinkel und Kamut, d.h. alle Zusammensetzungen mit Gluten. Bei Zöliakie dürfen Kartoffeln, Reis (weiß, rot, wild, Natur und Venere), Mais, Linsen, Hirse, Buchweizen und Kastanien – belassen oder gemahlen – gegessen werden. Das sind nicht wenige: Sie ermöglichen köstlich schmeckende, gut verdauliche Gerichte. Sicher werden bereits Mehlmischungen und Hefe in passenden Portionen verkauft, mit denen Appetitanregendes zuzubereiten ist. Die verschiedenen Mehlsorten können jedoch auch nach den persönlichen Vorlieben eingesetzt werden, um Hirsekruste mit Joghurt, Buchweizenbrot mit Leinsamen, Käsezwieback und so weiter zuzubereiten. Mit etwas Freude am Experiment und Erfahrung werden so hervorragende Resultate zustande kommen. Keine ganz klassischen Brote, aber solche, die ihnen in Geschmack und Kalorienreichtum gleichwertig sind. Und: Da das Gebäck aus den eigenen Händen stammt, darf es nach Wunsch gestaltet werden.

GRISSINI MIT RICOTTA

Bierhefe wird bei der Herstellung von Bier, Teig und Brot genutzt. Sie kann ohne Probleme verzehrt werden, da sie keine Spuren von Gluten enthält. Sie weist Aminosäuren, Biotin (nützlich bei Dermatitis) und Vitamin B in großer Menge auf. Hinzu kommen Mineralsalze wie Kalium, Magnesium, Zink und Phosphor.

SCHWIERIG

Zutaten für 4 Personen
Vorbereitung: **25 Minuten**
Backzeit: **15-20 Minuten**
Kalorien pro Portion: **etwa 160**

100 g Reismehl
50 g Kartoffelstärke
50 g Maismehl
1 Ei
50 g Ricotta
10 g Bierhefe
Salz

1. Den Ofen auf 200° C vorheizen und ein Backblech mit Ölpapier auslegen. Das gesamte Mehl in eine Schüssel sieben und die Hefe in einem halben Glas lauwarmen Wasser lösen. Dann diese Zutaten und das Ei mischen, bis sie einen Teig ergeben.

2. Die Ricotta hinzufügen, mit Salz abschmecken und den Teig durchkneten: am besten an den Seiten der Schüssel, sodass eine kompakte und homogene Masse entsteht. Wenn sie zu fest ist, macht sie ein wenig Wasser weicher.

3. Etwas Teig entnehmen und kleine Rollen formen. Dazu ist Fingerspitzengefühl nötig, denn diese Art Mehlmischung spaltet sich leicht. Bei der Länge der Grissini an der des Backbleches orientieren. Solange wiederholen, bis der Teig aufgebraucht ist.

4. Nun die Grissini auf das Blech legen. Sie sollten so weit voneinander entfernt sein, dass sie sich beim Backen nicht berühren.

5. Im Herd circa 15-20 Minuten backen, bis sie eine goldgelbe Färbung bekommen. Danach aus dem Ofen nehmen und vor dem Essen abkühlen lassen.

MAIS-GRISSINI

Mais ist als Getreide ohne Klebereiweiß für Zöliakie-Betroffene geeignet. Er stammt aus Lateinamerika, wo er seit 3000 v. Chr. bekannt ist. Später fand er auf islamischem Boden - insbesondere in der Türkei - großen Zuspruch. Weil er von dort nach Europa gelangte, wird er in Italien noch immer "granoturco", Türkenkorn, genannt. Unter den in ihm enthaltenen Mineralien finden sich Eisen, Phosphor und Kalium. Er ist reich an Vitaminen A und B, an Antioxidantien und dem vor Gewebealterung schützenden Zeaxanthin.

SCHWIERIG

Zutaten für 4 Personen
Vorbereitung: **25 Minuten**
Backzeit: **20 Minuten**
Kalorien pro Portion: **etwa 200**

40 g Reismehl
160 g Maismehl
1 Esslöffel Xanthan
5 g Bierhefe
2 Esslöffel kalt gepresstes Olivenöl
naturbelassenes Salz

1. Den Ofen auf 200° C vorheizen und ein Backblech mit Ölpapier auslegen. Das gesamte Mehl in eine Schüssel sieben. Das Xanthan in zwei Esslöffeln Wasser lösen, davon getrennt die Hefe ebenfalls in derselben Menge Wasser. Beides zum Mehl hinzufügen. Nach Geschmack salzen.

2. Die Zutaten vermengen. An den Wänden der Schüssel kneten, bis eine feste und einheitliche Masse entsteht. Wenn sie zu hart ist, macht sie ein wenig Wasser weicher.

3. Aus dem Teig eine Kugel formen und in Plastikfolie einschlagen. Bei Zimmertemperatur circa eine halbe Stunde ruhen lassen.

4. Wenn die Zeit um ist, die Folie entfernen und mit dem Herstellen der Grissini beginnen. Etwas Teig nehmen und mit viel Fingerspitzengefühl bearbeiten. Dazu die Hände mit Öl einreiben und Rollen formen. Ihre Länge ist an der des Backbleches auszurichten.

5. Wenn sie fertig sind, die Grissini nach und nach auf dem Blech anordnen. Ihr Abstand sollte nicht zu klein sein, damit sie beim Backen nicht zusammenkleben.

6. Im Ofen circa 20 Minuten backen, bis sie eine goldgelbe Färbung bekommen. Danach aus dem Ofen nehmen und vor dem Essen abkühlen lassen.

KARTOFFEL-GRISSINI MIT PAPRIKA UND GEWÜRZEN

Kartoffeln bestehen vorrangig aus Stärke, also Mehrfachzucker. Einige dieser Zucker sind gegen die Verdauungssäuren resistent. Sie bleiben im Magen-Darm-Trakt intakt und haben damit einen physiologischen Effekt wie Ballaststoffe. Außerdem sind die Knollen ein wichtiger Lieferant der Vitamine B und C, von Carotinoiden und Polyphenolen. Sie bergen wesentliche Mineralien wie Eisen, Zink und Magnesium.

SCHWIERIG

Zutaten für 4 Personen
Vorbereitung: **30 Minuten**
Backzeit: **20 Minuten**
Kalorien pro Portion: **etwa 180**

700 g gekochte Kartoffeln
50 g Reismehl
50 g Kartoffelmehl
1 Ei
1 Esslöffel Paprika
1 Esslöffel Kräuter (Pfeffer, Muskatnuss, Kreuzkümmel und Koriander)
3-4 Esslöffel Olivenöl
eine Prise Salz

1. Den Ofen auf 200° C vorheizen und ein Backblech mit Ölpapier belegen. Die Kartoffeln mit einer Kartoffelpresse zerdrücken.

2. Auf der Arbeitsfläche die zerquetschten Kartoffeln, Stärke, Reismehl, Ei und Salz bereitlegen. Alle Zutaten vorsichtig vermengen. Wenn nötig, dazu die Hände mit etwas Öl einreiben - es sollte also in Reichweite stehen.

3. Etwas von der Mischung nehmen und mit viel Fingerspitzengefühl bearbeiten. Rollen mit einem Durchmesser von etwa einem Zentimeter formen. Ihre Länge an der des Backbleches ausrichten.

4. Den Paprika und die Gewürze auf jeweils einen flachen Teller geben. Einen Teil der Grissini im Paprika, den anderen in den Gewürzen wenden. Dann mit leichtem Abstand auf dem Blech verteilen, damit sie während des Backens nicht aneinanderkleben.

5. Für circa 20 Minuten in den Ofen geben: Wenn die Gewürze zu duften beginnt, sind sie fertig. Herausnehmen und abkühlen lassen.

BLÄTTERTEIG MIT SESAM, KÜRBISKERNEN UND PAPRIKA

Haselnüsse zeichnen sich durch ungesättigte Fettsäuren wie Omega-3 und Omega-6, die Vitamine A, B und E sowie Mineralien aus. Daneben sind sie reich an Calcium. Das aus ihnen gepresste Öl ist ein optimales Antioxidans und wirkt gegen Cholesterin. Es gleicht es aus, indem es seinen negativen Bestandteil LDL abschwächt.

SCHWIERIG

Zutaten für 4 Personen
Vorbereitung: **30 Minuten**
Backzeit: **10 Minuten**
Kalorien pro Portion: **etwa 320**

50 g Reismehl
50 g Maismehl
50 g Kartoffelmehl
50 g Tapioka
1 Ei
1 Esslöffel Xanthan
20 g Sesamsaat
20 g Kürbiskerne
5 g Paprika
2 Esslöffel Haselnussöl
Olivenöl

1. Den Ofen auf 200° C vorheizen und ein Backblech mit Ölpapier belegen.

2. Die verschiedenen Mehlsorten, das Haselnussöl und das Ei in eine Schüssel geben. Das Xanthan in zwei Esslöffeln Wasser lösen und hinzufügen.

3. Die Hände mit Olivenöl befeuchten und die Masse so lange kneten, bis ein homogener Teig entsteht. Wenn nötig, kann er mit ein wenig Wasser geschmeidiger gemacht werden. Sobald er keine Klümpchen mehr hat, auf die mit Mehl bestreute Arbeitsfläche legen. Mit dem Nudelholz ausrollen, bis er 2 Millimeter dünn ist. Sollte der Teig reißen, wieder zu einem Klumpen formen und erneut mit den Händen und dem Nudelholz ausbreiten.

4. Mit einem Teigausstecher Kreise aus dem Teig ausstechen. Die zwei Arten Kerne und den Paprika auf jeweils einem flachen Teller verteilen. Einen Teil der Kreise im Sesam, in den Kürbiskernen und dem Paprika wälzen.

5. Die Teigkreise auf das Backblech legen und etwa 10 Minuten backen, bis sie eine goldgelbe Färbung haben.

6. Danach aus dem Ofen nehmen und abkühlen lassen.

CANNOLI MIT SCHWARZEM SESAM

Die Samen von schwarzem Sesam bestehen zu 50% aus ungesättigten Fettsäuren (Antioxidantien) wie Ölsäure und Linolsäure. Weiterhin liefern sie Calcium, Phosphor, Zink, Selen, Kalium, Kupfer und Magnesium. Aufgrund diverser Aminosäuren und der Vitamine A und B sind sie ein Stärkungsmittel und besonders für die Ernährung von Kindern geeignet.

MITTELSCHWER

Zutaten für 4 Personen
Vorbereitung: **30 Minuten**
Backzeit: **10-15 Minuten**
Kalorien pro Portion: **etwa 235**

50 g Reismehl
50 g Maismehl
50 g Kartoffelmehl
50 g Maisstärke
1 Ei
1 Esslöffel Xanthan
10 g Bierhefe
2-3 Esslöffel kalt gepresstes Olivenöl
20 g Sesamsaat

1. Den Ofen auf 200° C vorheizen und ein Backblech mit Ölpapier belegen. Das Mehl in eine Schüssel sieben und das Ei untermengen. Das Xanthan in zwei Esslöffeln Wasser lösen und zum Mehl geben. Die Hefe in einem halben Glas Wasser lösen, ebenfalls hinzufügen.

2. Die Hände mit Öl beträufeln, dann die Zutaten gut mischen, bis sie eine homogene Masse bilden. Diese auf eine passende Arbeitsfläche legen und mit dem Nudelholz bis auf wenig mehr als etwa 1 Millimeter Dicke ausrollen. Wenn der Teig reißen sollte, wieder zu einem Stück formen und erneut ausrollen.

3. Mit einem Messer mit langer Klinge Quadrate mit circa 8 Zentimeter Seitenlänge ausschneiden. Diese dann um die Rollen für Cannoli-Zubereitung wickeln, die Enden übereinander fügen und leicht andrücken. So öffnen sie sich nicht beim Backen. Den Sesam auf einem flachen Teller ausbreiten und mit den Cannoli darüber gehen, sodass die Körner daran haften bleiben.

4. Die Cannoli auf dem Backblech verteilen und etwa 10-15 Minuten backen, bis sie eine goldgelbe Färbung annehmen und leicht aufgehen.

5. Wenn sie fertig sind, aus dem Herd nehmen. Abkühlen lassen und die Rollen herausziehen. Nun können sie - etwa in einem Brotkorb - serviert werden.

MAIS-HÄPPCHEN

Maisstärke, auch als Maizena bekannt, ist ein weißes Mehl. Sie entsteht bei einer speziellen Verarbeitung von Mais. Während des Zerkleinerns bleiben der Stärke die Eigenschaften von Mais erhalten; sie ist ein gutes Verdickungsmittel. Bei Glutenunverträglichkeit kann sie verzehrt werden, da sie keinen Kleber aufweist.

MITTELSCHWER

Zutaten für 4 Personen
Vorbereitung: **30 Minuten**
Backzeit: **15-20 Minuten**
Kalorien pro Portion: **etwa 240**

150 g Maismehl
50 g Maisstärke
100 g Joghurt
50 g Tomakäse in Stückchen
1 Löffel Bikarbonat
3-4 Esslöffel kalt gepresstes Olivenöl

1. Den Ofen auf 200° C vorheizen und Metall- oder Silikon-Backformen einfetten.

2. Die verschiedenen Mehlarten in eine Schüssel sieben und gut vermengen. In einem anderen Gefäß Joghurt und Bikarbonat mischen. Wenn die Mischung aufzugehen beginnt, zum Mehl geben. Solange kneten, bis alle Zutaten einen Teig bilden.

3. Die Hände mit Öl einreiben und etwas von der Masse nehmen. Das Stück zu einem Kügelchen formen. Einen Käsewürfel hineindrücken und so fortfahren, bis der gesamte Teig aufgebraucht ist.

4. Die Kugeln in die Förmchen bringen, dann auf das Backblech setzen und circa 15-20 Minuten backen. Wenn die Happen fertig sind, d.h. ein Duft nach heißem Gebäck die Küche durchzieht, aus dem Ofen holen. Abkühlen lassen, aus den Formen nehmen und servieren.

ZWIEBACK MIT KÄSE

Bikarbonat ist ein Salz, das aus Wasser mit hohem Natriumgehalt und der Asche einiger Algen oder Pflanzen gewonnen wird. Genutzt wird es in den verschiedensten Bereichen. Bei der Ernährung greift man seit je wegen seiner hefeartigen Eigenschaften darauf zurück. In Joghurt gemischt, ist es besonders schmackhaft.

MITTELSCHWER

Zutaten für 4 Personen
Vorbereitung: **30 Minuten**
Backzeit: **30 Minuten**
Kalorien pro Portion: **etwa 290**

150 g Maismehl
50 g Maisstärke
1 Esslöffel Bikarbonat
100 g Joghurt
2 Eier
50 g frischer, geriebener Pecorino-Käse

1. Den Ofen auf 180° C vorheizen und eine Plumcake-Form mit Ölpapier auslegen. Dazu wird das Papier am besten in kaltes Wasser getaucht, ausgewrungen und danach in die Form eingepasst.

2. Das gesamte Mehl in eine große Schüssel sieben, das Ei und den Pecorino-Käse hinzufügen. Mischen, bis die Zutaten gut miteinander verbunden sind.

3. Den Joghurt in ein Gefäß geben. Das Bikarbonat untermengen. Sobald die Mischung aufzugehen beginnt, zum Mehl schütten. Alles zu einer Masse verarbeiten und kneten, bis ein homogener Teig entsteht.

4. Den Teig in die Plumcake-Form füllen.

5. Etwa 30 Minuten backen. Die Form aus dem Herd nehmen und abkühlen lassen. Jetzt das Papier und das Brot entnehmen, anschneiden und servieren.

HIRSE-BROT MIT WALNÜSSEN

Leinöl besteht zu fast 90% aus ungesättigten Fettsäuren. Es enthält Lecithin, das das Funktionieren des Nervensystems unterstützt. Hinzu kommt das antioxidative Vitamin E, welches bei Narbenbildung der Haut hilft und gegen Herz-Kreislauf-Erkrankungen wirkt. Wenn Leinöl einmal geöffnet ist, sollte es im Kühlschrank aufbewahrt werden. Als sehr feines Öl verdirbt es schnell.

MITTELSCHWER

Zutaten für 4 Personen
Vorbereitung: **30 Minuten**
Backzeit: **40 Minuten**
Kalorien pro Portion: **etwa 380**

200g Hirsemehl
50 g Kartoffelmehl
300 g Joghurt
1 Esslöffel Bikarbonat
20 g Walnüsse
2 Esslöffel Leinöl

1. Den Ofen auf 180° C vorheizen und eine Plumcake-Form mit Ölpapier auslegen. Dazu wird das Papier am besten in kaltes Wasser getaucht, ausgewrungen und danach in die Form eingepasst.

2. Das gesamte Mehl in ein Gefäß sieben und in einer Schüssel vermengen. Getrennt davon Joghurt und Bikarbonat gut mischen. Sobald der Joghurt aufzugehen beginnt, zum Mehl hinzufügen. Das Leinöl hineinträufeln und alles zu einer homogenen und kompakten Masse verarbeiten.

3. Den Teig in die Kuchenform geben und mit Walnüssen bestreuen. Diese leicht andrücken, damit sie beim Backen haften bleiben.

4. Das Brot circa 40 Minuten in den Backofen geben. Nach dem Backen die Form entnehmen, einige Esslöffel Wasser auf die Kruste sprenkeln und mit einem Küchentuch abdecken, damit das Brot nicht hart und bröckelig wird. Abkühlen lassen, aus der Form nehmen, das Papier lösen und servieren.

BUCHWEIZEN-BROT

Bei Buchweizen handelt es sich um eine Graspflanze, die aus Asien stammt. Ihre Körner sind dreieckig und werden an der Luft schnell schlecht. Das daraus gemahlene Mehl wird traditionell für Polenta taragna und Pizzoccheri benutzt. In ihm findet sich kein Gluten, dafür alle essenziellen Aminosäuren, die der menschliche Körper nicht allein herstellen kann. Außerdem weist es Calcium, Phosphor, Kalium, Magnesium, Zink, Mangan und Eisen, Vitamin E sowie verschiedene B-Vitamine auf. Reich an Rutin, hält es die Blutgefäße gesund. Sein Chiro-Inositol soll gegen Diabetes wirken.

MITTELSCHWER

Zutaten für 4 Personen
Vorbereitung: **30 Minuten**
Ruhen lassen: **30 Minuten**
Backzeit: **30 Minuten**
Kalorien pro Portion: **etwa 320**

150 g Buchweizen
50 g Kartoffelmehl
10 g Bierhefe
100 ml Wasser
4 Esslöffel Leinöl
30 g Leinsamen

1. Den Ofen auf 180° C vorheizen und ein Backblech mit Ölpapier auslegen.

2. Das gesamte Mehl in eine Schüssel sieben, das Leinöl hinzufügen und sorgsam mischen. In einem anderen Gefäß die Hefe im Wasser lösen, zum Mehl geben. Die verbliebenen Zutaten beimengen und alles zu einem Teig kneten. Diesen abdecken und warm 30 Minuten ruhen lassen.

3. Zum besseren Teig-Verarbeiten die Hände mit Olivenöl einreiben. Etwas von der Masse nehmen und Bällchen formen. Nun die Kugeln auf das Backblech legen. Zwischen ihnen sollten einige Zentimeter Abstand sein, damit sie beim Backen nicht aneinanderkleben. Die Leinsamen darauf verteilen und in den Herd schieben.

4. Etwa 30 Minuten backen. Danach aus dem Ofen nehmen, abkühlen lassen und servieren.

KASTANIEN-BROT

Unter der Ölsaat haben Sonnenblumenkerne den niedrigsten Kaloriengehalt. Sie bestehen zu 45% aus Fett, zu 20 bis 28% aus Proteinen, etwa 23% sind Kohlenhydrate. Sie enthalten beachtliche Mengen der Vitamine A, D, E und B sowie Mineralstoffe wie Magnesium, Eisen, Zink, Kupfer, Mangan und Kobalt. Hinzu kommen Säuren: Chlorogen-, Linol- und Folsäure.

MITTELSCHWER

Zutaten für 4 Personen
Vorbereitung: **30 Minuten**
Backzeit: **40 Minuten**
Kalorien pro Portion: **etwa 380**

150 g Kastanienmehl
100 g Kartoffelmehl
50 ml lauwarmes Wasser
100 g Joghurt
1 Esslöffel Bikarbonat
20 g Sonnenblumenkerne
20 g Kürbiskerne

1. Den Ofen auf 180° C vorheizen und eine Plumcake-Form mit Ölpapier auslegen. Dazu wird das Papier am besten in kaltes Wasser getaucht, ausgewrungen und danach in die Form eingepasst.

2. Das gesamte Mehl in eine Schüssel sieben; Wasser und Kerne hineingeben. Alles mischen und zu einer Masse verarbeiten. Wenn diese zu fest ist, kann nach und nach ein halbes Glas Wasser hinzugefügt werden.

3. In einem anderen Gefäß Joghurt und Bikarbonat mischen. Wenn der Joghurt aufzugehen beginnt, schnell zum Mehl geben. Solange kneten, bis der Teig glatt und ohne Klümpchen ist. Dann in die Kuchenform füllen und in den Ofen schieben.

4. Das Brot circa 30 Minuten backen. Die Form herausnehmen und abkühlen lassen. Das Brot entnehmen, das Papier entfernen, schneiden und servieren.

BROT AUS REISMEHL UND SESAM

Kartoffelmehl ist eine Stärke, die aus Kartoffeln und anderen Knollen gewonnen wird. Weil es glutenfrei ist, kann es als Ersatz für Getreidemehl verwendet werden. Bei der Herstellung von Lebensmitteln macht es den Teig weicher und verbessert den Zusammenhalt der Zutaten.

MITTELSCHWER

Zutaten für 4 Personen
Vorbereitung: **30 Minuten**
Ruhen lassen: **80 Minuten**
Backzeit: **40 Minuten**
Kalorien pro Portion: **etwa 380**

150 g Reismehl
30 g Kartoffelmehl
50 g Maismehl
30 g Johannisbrotmehl
10 g Bierhefe
250 ml lauwarmes Wasser
4 Esslöffel kaltgepresstes Olivenöl
10 g Sesamsaat

1. Den Ofen auf 180° C vorheizen und eine Kastenform mit Ölpapier auslegen.
2. Die Hefe in einem halben Glas lauwarmem Wasser lösen. Das Mehl in eine Schüssel sieben; dann das Öl, die Hefe und den Rest des Wassers hinzufügen. Solange kneten, bis eine weiche und elastische Masse entsteht.
3. Den zugedeckten Teig circa 30 Minuten ruhen lassen. Danach in die Backform umfüllen und - abgedeckt mit einem feuchten Küchentuch - weitere 50 Minuten aufgehen lassen.
4. Wenn die nötige Zeit um ist, einen Backpinsel mit Wasser anfeuchten und die obere Hälfte des Brotes bestreichen. Es kann nun mit Sesam bestreut werden.
5. Das Brot für 40 Minuten in den Backofen geben, bis es eine goldgelbe Färbung bekommt. Wenn es fertig gebacken ist, die Form herausnehmen und abkühlen lassen. Jetzt das Brot anschneiden und servieren.

GELEGENTLICH MUSS BEI GLUTENALLERGIE AUF GEWISSE GESCHMACKSRICHTUNGEN UND KULINARISCHE VORLIEBEN VERZICHTET WERDEN. WENN DIE HERKUNFT VON NAHRUNGSMITTELN UNSICHER IST, SOLLTE MAN SIE SORGSAM PRÜFEN. NUN FOLGEN LEICHTE REZEPTE FÜR VERTRÄGLICHE UND ZUGLEICH VERFÜHRERISCHE VORSPEISEN.

Auf den ersten Blick scheint Glutenintoleranz eine tatsächliche Herausforderung für einen normalen Alltag zu sein. Kein Brot oder Brötchen, verboten sind Kräcker und Grissini, an Nudeln nicht zu denken, und an Kekse ebenso wenig. Doch es gibt Alternativen: Es reicht, sie zu kennen. Stellen wir uns vor, durch den Supermarkt zu gehen. Was darf in den Einkaufswagen und was sollte unbedingt vermieden werden?

Vorsicht ist geboten bei Wurst, Käse, Konserven, Soßen und so weiter. Selten liest man ihre Etiketten und geht fälschlicherweise davon aus, dass sie kein Gluten enthalten. Als guter Klebstoff jedoch findet es sich in diesen und anderen Lebensmitteln wie in Rohwurst und gekochtem Schinken. Deshalb ist es günstig, aufmerksam zu sein. Es sei denn, es ist ohne Blick auf die Beschriftung bekannt, dass Klebereiweiß nicht zu den Inhaltsstoffen gehört. Anders verhält es sich bei der Entscheidung, verpackte Produkte zu vermeiden und Speisen allein zuzubereiten. (Auch wenn sich schon aus sozialen Gründen Einschränkungen ergeben. Denn manchmal finden sich außerhalb der Wohnung schwer passende Lösungen.) Lebensmittelmärkte bieten nicht nur eine Auswahl an Fertiggerichten, sondern auch Zutaten zum Selbermachen an. In den Wagen können also Reis-, Mais- und Buchweizenmehl oder Kartoffelstärke. In diesem

Zusammenhang lässt sich auch die Frage klären, weshalb heute so viele Fälle an Zöliakie auftreten. Der Grund ist, dass unser Essen – vom Frühstück bis zum Abendessen – unausgewogen ist. Zu oft wird Getreidemehl benutzt, immerhin in zwei Dritteln der täglichen Kost kommt es vor. Zweifelsohne lohnt es sich, einen Teil davon zu ersetzen.

VORSPEISEN

Bei Sprue ist dauerhaft auf die Nahrung zu achten. Daher galt bei der Auswahl der Rezepte das Interesse den verschiedenen Momenten eines Tages. Bewusst war das nötige kleine Weglassen wie der größere Verzicht. Deswegen stehen einfache, alltägliche Gerichte im Vordergrund. Bei Vorspeisen werden solche präsentiert, deren Bestandteile teilweise käuflich zu erwerben sind. Wie Mais-Dreiecke, die in eine schnell herzustellende Tomatensoße getunkt, zu einem Antipasto zum Aperitif werden. Oder die Bruschetta mit Brot aus einem dafür gemachten Mehlmix, für diejenigen, die Getreide durch weniger übliche Süßgräser ersetzen möchten. Die nötigen Zutaten bieten Bio-Läden oder Supermärkte mit einem Bereich für gesunde Ernährung an. Wo schon dosiertes Mehl genutzt wird, oder man es zu dosieren lernt, steht der Zubereitung von Focacce, Crostini und Crêpes nichts mehr im Weg.

BRUSCHETTA MIT REISBROT

Dank der Vitamine A und E, Lycopen und Beta-Carotin sind Tomaten ein ausgezeichnetes Antioxidans. Alle diese Substanzen sind bekannt für ihre Wirksamkeit gegen Tumore und Arterienverkalkung. Außerdem helfen sie Herz und Blutkreislauf und stärken die Sehkraft.

MITTELSCHWER

Zutaten für 4 Personen
Vorbereitung: **25 Minuten**
Backzeit: **30 Minuten**
Kalorien pro Portion: **etwa 250**

Für den Teig:
200 g Reismehl
50 g Kartoffelmehl
1 Ei
100 g Joghurt
1 TL Bikarbonat

Für die Beilage:
400 g reife San Marzano-Tomaten
1 Knoblauchzehe
1 Bund Basilikum
6 EL kalt gepresstes Olivenöl
Salz
Pfeffer

1. Den Ofen auf 180° C vorheizen. Das Mehl auf einem hölzernen Nudelbrett anhäufeln, eine Vertiefung eindrücken. Ein Ei, zwei Esslöffel Öl und etwa ein halbes Glas Wasser hineingeben. Mit den Händen mindestens 10 Minuten kneten, bis ein glatter Teig ohne Klumpen entsteht.

2. In einem Gefäß Joghurt und Bikarbonat mischen. Sobald die Mischung aufzugehen beginnt, zum Mehlteig geben. Alles vermengen, bis es gut miteinander verbunden ist. Die Hände mit Öl befeuchten, damit der Teig nicht anklebt. Etwas davon nehmen und rundliche Stücke formen.

3. Nun so schnell wie möglich die Teigstücke auf ein Backblech geben, mit Ölpapier bedecken und für 30 Minuten in den Ofen schieben.

4. In der Zwischenzeit werden die Tomaten gewaschen, gehäutet und in Stücke geschnitten. Den dabei auslaufenden Saft auffangen. Den Knoblauch schälen und in Stückchen schneiden. Das Basilikum reinigen, abspülen und zerkleinern. Tomaten, Knoblauch und Basilikum in ein Schälchen geben. Alles verrühren und vier Esslöffel Öl hinzufügen. Mit Salz und Pfeffer abschmecken.

5. Nach dem Backen das Brot aus dem Ofen nehmen und abkühlen lassen. Servieren und die Bruschetta dabei direkt darauf geben. Oder die Tomatensoße getrennt auf den Tisch stellen.

BRUSCHETTA MIT TROCKENTOMATEN UND KAPERN

Kapern sind nicht aufgegangene Blüten der gleichnamigen mehrjährigen Graspflanze. Sie enthalten Proteine, die Vitamine A, E, K und verschiedene Vitamine B. Außerdem weisen sie Mineralien wie Eisen, Kupfer, Mangan und Magnesium auf. Da sie oft in Salz konserviert werden, ist es günstig, sie zu entsalzen. Dazu werden sie in Wasser gegeben und wiederholt gewaschen. Gegessen regen sie den Appetit an, unterstützen die Verdauung, helfen gegen Flüssigkeitsretention und wirken harntreibend.

MITTELSCHWER

Zutaten für 4 Personen
Vorbereitung: **40 Minuten**
Backzeit: **35 Minuten**
Kalorien pro Portion: **etwa 350**

Für das Brot:
150 g Maismehl
50 g Maisstärke
100 g Joghurt
1 EL Bikarbonat
2 Eier
50 g frischer, geriebener Pecorino-Käse

Für die Gemüsesoße:
8 Trockentomaten
20 g in Salz eingelegte Kapern
1 Knoblauchzehe
1 Bund Petersilie
1 gelbe Paprika
2 EL kalt gepresstes Olivenöl

1. Den Ofen auf 180° C vorheizen und eine Plumcake-Form mit Ölpapier auslegen. Dazu wird das Papier am besten in kaltes Wasser getaucht, ausgewrungen und danach in die Form eingepasst.

2. Das Mehl in eine Schüssel sieben. Das Ei, ein halbes Glas Wasser und den Pecorino-Käse hinzufügen. Alles vermengen, bis es gut miteinander verbunden ist.

3. In einem Gefäß Joghurt und Bikarbonat mischen. Wenn die Mischung aufzugehen beginnt, schnell zum Mehl geben. Solange kneten, bis daraus eine homogene Masse entsteht.

4. Den Teig in die Form füllen und circa 30 Minuten backen. Danach das Brot aus dem Ofen nehmen und abkühlen lassen. Aus der Form nehmen.

5. Nun einige Blätter von der Petersilie für die Dekoration beiseitelegen. Die Petersilie reinigen, abspülen und hacken. Den Knoblauch schälen und zerkleinern. Die Paprika waschen, den Stiel, das weiße Innere und die Kerne entfernen. In dünne Streifen schneiden.

6. In einer Antihaft-Pfanne werden Petersilie, Knoblauch, Paprika und Kapern einige Minuten bei großer Flamme geröstet. Dabei müssen sie ab und zu gewendet werden, damit sie nicht anbrennen.

7. Die Tomaten in einer Schüssel mit lauwarmem Wasser 5 Minuten weichen lassen. Abgießen und zu den anderen Zutaten geben. Salzen und langsam etwas Öl hinzufügen. Das Weißbrot schneiden und auf einem großen Teller anrichten. Die Gemüsesoße auf jeder Scheibe verteilen, mit gerade zerkleinerten Petersilienblättern dekorieren.

MAISCHIPS MIT PIKANTER TOMATENSOßE

Koriander ist eine aus dem Mittelmeerraum stammende Graspflanze. Man benutzt vor allem ihre Blätter, die einen unverwechselbaren pikanten Geschmack haben. Sehr geschätzt werden seine verdauungsfördernden Eigenschaften und die Wirkung gegen Blähungen sowie Darmkoliken. Da er pilztötende, antibakterielle und anregende Stoffe enthält, ist er nicht zuletzt ein bewährtes Stimulanz.

LEICHT

Zutaten für 4 Personen
Vorbereitung: **10 Minuten**
Backzeit: **10 Minuten**
Kalorien pro Portion: **etwa 200**

100 g Maischips
4 sehr reife Tomaten
1 Löffel Paprika
1 Jalapeño-Chilischote
10 g frischer Koriander
1 EL kalt gepresstes Olivenöl
1 EL Pfeffer

1. Den Ofen auf 220° C vorheizen.
2. Die Tomaten waschen, häuten und in Stücke schneiden. Das herauslaufende Wasser auffangen, die Tomaten nach 5 Minuten in eine Schale geben.
3. Den Chili waschen und in Scheiben schneiden. Den Koriander säubern, abspülen und fein hacken. Zu den Tomaten in der Schale Paprika, Koriander, Chili, Pfeffer und Öl hinzufügen und mischen.
4. Die Chips in ein wärmefestes Gefäß geben und 10 Minuten backen.
5. Wenn sie fertig sind, in ein großes Gefäß oder auf einzelne Teller legen. Die Soße wird in Becherchen serviert oder direkt darüber gegeben.

KARTOFFELMEHL-CRÊPES MIT GERÄUCHERTEM LACHS

Lachs birgt Proteine, Phosphor, Eisen und Calcium. Er ist reich an Omega-3-Fettsäuren, die vor allem bei regelmäßig Sporttreibenden für den Muskelaufbau nötig sind. Diese Fette helfen auch gegen Cholesterin, bei der Vorsorge gegen Gefäßkrankheiten sowie bei Veränderungen der Netzhaut des Auges im Alter.

MITTELSCHWER

Zutaten für 4 Personen
Vorbereitung: **15 Minuten**
Backzeit: **7 Minuten**
Kalorien pro Portion: **etwa 320**

Für die Crêpes:
1 EL Reismehl
2 EL Kartoffelmehl
2 Eier
400 ml Milch
ausreichend Öl, um die Pfanne einzufetten
Salz (wenn gewünscht)

Für die Füllung:
180 g Räucherlachs in Scheiben

Zum Garnieren:
1 rote Zwiebel
20 g Kapern in Salzwasser
1 Salatkopf
Salz
Pfeffer

1. Den Salat vorsichtig reinigen, waschen und abschütteln. In einem feuchten Tuch beiseitelegen, bis er gebraucht wird. Die Zwiebel schälen und in Ringe schneiden. Die Kapern aus dem Salzwasser nehmen.

2. Mehl, Milch und Eier in eine Schüssel geben. Mit einem elektrischen Schneebesen solange mischen, bis ein homogener Teig ohne Klumpen entsteht. Bei Wunsch etwas Salz hinzufügen.

3. Etwas Küchenpapier mit Öl befeuchten. Eine Antihaft-Pfanne mit einem Durchmesser von circa 25 Zentimetern damit einreiben. Mit einem Schöpflöffel etwas Teig nehmen und in die erhitzte Pfanne geben. Eine Minute braten, wenn die Crêpe sich leicht von der Pfanne löst, wenden. Nun auf der anderen Seite anbräunen. So fortfahren, bis der gesamte Teig aufgebraucht ist. Dann auf einem Teller anrichten.

4. Die Crêpes nach eigener Fantasie mit dem Lachs füllen: Er kann zum Beispiel eingerollt oder in die mittig gefalteten Crêpes gelegt werden. Die Salatblätter auf einen flachen Teller geben und über die Crêpes verteilen. Mit Kapern und Zwiebelringen dekorieren. Mit Salz und Pfeffer abschmecken.

REISRÖLLCHEN MIT KOHL

Kohl ist kalorienarm und deswegen gut bei Diäten geeignet. Er besitzt Eiweiß und sehr viel Vitamin C (bei gleichem Gewicht das Doppelte von Orangen). Daneben hat er Vitamin A, K und einige B-Vitamine. Reich an Mineralstoffen wie Kupfer, Eisen, Calcium und Phosphor, ist er zur Bekämpfung von Colitis ulcerosa und Magengeschwüren geeignet. Gleichzeitig unterstützt er die Produktion roter Blutkörperchen und wirkt so gegen verschiedene Formen von Blutarmut. Sein Indol und Sulforaphan (Substanz auf Schwefelbasis, die für den Geruch dieses Gemüses verantwortlich ist) sowie andere Antioxidantien machen ihn ideal zur Vorbeugung gegen Alterskrankheiten.

MITTELSCHWER

Zutaten für 4 Personen
Vorbereitung: **20 Minuten**
Backzeit: **4 Minuten**
Kalorien pro Portion: **etwa 220**

8 Reisblätter
1 kleiner Salatkopf
200 g Rotkohl
etwas Reismehl
etwas Sonnenblumenöl
etwas Sojasoße Tamari
Salz
Pfeffer

1. Salat und Kohl reinigen, waschen und trocknen. Mit einem Messer getrennt in dünne Streifen schneiden. Vier Kohlblätter zum Dekorieren beiseitelegen.

2. Ein Glas kaltes Wasser in einen tiefen Teller gießen. Die Reisblätter etwa eine Minute lang darin einweichen. Die Blätter herausnehmen, auf eine glatte Oberfläche legen, sanft das überschüssige Wasser abtupfen. Salat und Kohl darauf verteilen, Salz und Pfeffer nach Geschmack hinzufügen. Dann einen Rand des Blättchens nach innen einrollen und eine Rolle formen.

3. Jedes Röllchen im Mehl wälzen, bis die gesamte Oberfläche damit bedeckt ist. Genügend Öl in einer Antihaft-Pfanne erwärmen. Wenn es heiß ist, die Röllchen circa 3-4 Minuten braten, bis sie knusprig werden. Danach entnehmen und auf Küchenpapier legen, wo das überflüssige Öl ablaufen kann.

4. Auf großen Tellern die Rotkohl-Blätter verteilen und je zwei Röllchen pro Tischgast darauflegen. Die Röllchen warm servieren. Daneben kommt ein Schüsselchen mit Sojasoße, die eventuell mit einigen Paprika-Streifen verfeinert wird.

RÖLLCHEN VON ZUCCHINI UND LACHS

Zucchini sind gut bekömmlich und haben wenig Kalorien. Sie bestehen zu 94 % aus Wasser und verschiedenen Mineralien wie Kalium, Eisen, Calcium und Phosphor. Insbesondere ihre Vitamine (A, C, B1, B2) und Flavonoide wie Lutein sowie Zeaxanthin mit antioxidanten Eigenschaften wirken unterstützend gegen Altersbeschwerden. Zucchini gelten als reinigend, harntreibend und abführend.

MITTELSCHWER

Zutaten für 4 Personen
Vorbereitung: **20 Minuten**
Backzeit: **10 Minuten**
Kalorien pro Portion: **etwa 220**

2 Zucchini
200 g frischer, in dünne Scheiben geschnittener Lachs
50 g dünne Sojanudeln
50 g frische Ricotta
etwas Sonnenblumenöl
2 EL Sojasoße Tamari
Salz
Pfeffer

1. Die Nudeln etwa eine Minute in einem Topf mit ausreichend Wasser und etwas Salz kochen lassen. Dann in ein engmaschiges Nudelsieb abgießen.

2. In eine Schüssel geben und die Sojasoße hinzufügen. Mischen und abkühlen lassen, bis sie gut durchgezogen sind und eine leichte Färbung annehmen. Beiseite stellen.

3. Die Enden der Zucchini abtrennen. Die Zucchini waschen und mit dem Kartoffelschäler oder dem Messer lange, dünne Streifen schneiden. Die Lachscheiben in ähnlich große Steifen schneiden; alle mit etwas Ricotta bedecken. Mit Salz und Pfeffer abschmecken.

4. Die Streifen zu Röllchen zusammenrollen. Einige Sojanudeln darum wickeln, damit sie zusammenhalten.

5. Ausreichend Öl in einer passenden Antihaft-Pfanne erhitzen. Wenn es 170° C heiß ist, die Röllchen hineingeben und 4-5 Minuten braten. Wenn sie goldgelb werden, herausnehmen. Auf Küchenpapier legen, damit das überflüssige Öl ablaufen kann. Auf einem großen Teller anrichten.

CROSTINI MIT ZIEGENKÄSE UND OLIVEN

Schwarze Oliven sind fett- und kalorienreicher als grüne. Je nach Sorte und Reife enthalten Oliven 50% Wasser und ungefähr 15-35% ungesättigte Fettsäuren. Ballaststoffe machen 6-10% aus. Ihre Fette können mithilfe von Fenolen den Cholesterinspiegel im Blut senken. Zu den wertvollen Inhaltsstoffen gehören auch Kalium und andere Mineralien. Der Verzehr von Oliven kann verdauungsfördernd wirken.

LEICHT

Zutaten für 4 Personen
Vorbereitung: **10 Minuten**
Kalorien pro Portion: **etwa 280**

4 Reis-Brotlaibe
200 g Ziegenmilch-Frischkäse Tomino
60 g schwarze Oliven
1 Bund Kräuter (Oregano und Thymian)
1 EL kalt gepresstes Olivenöl
Salz
Pfeffer

1. Von den Kräutern alle hölzernen und harten Teile entfernen. Dann mit dem Wiegemesser oder dem Mixer fein zerkleinern. Ein Drittel davon zum Garnieren beiseite legen.

2. Die Oliven aus der Konservierungsflüssigkeit nehmen, den Kern entfernen und längs in Stücke schneiden.

3. Den Käse in ein Gefäß geben und mit den Zinken einer Gabel zerdrücken, sodass ein weicher Brei entsteht. Die zerkleinerten Kräuter, Öl, Salz und Pfeffer nach Geschmack hinzufügen und mischen.

4. Mit einem Messer die Käsemischung auf das Brot geben. Mit einigen Olivenstückchen und den verbliebenen Kräutern verzieren.

APFELSALAT MIT PISTAZIEN

Äpfel sind eine gute Vitamin C-, B1- und B2-Quelle. Sie verfügen über Mineralien wie Kalium, Magnesium, Phosphor, Calcium und Natrium. Zudem bergen sie Pektin, eine nützliche Faser für den Magen-Darm-Bereich, die den Blutzucker reduziert. Äpfel gären nicht und können auch nach dem Essen gegessen werden.

LEICHT

Zutaten für 4 Personen
Vorbereitung: **10 Minuten**
Kalorien pro Portion: **etwa 110**

1 Apfel
1 Birne
20 g geschälte Mandeln
20 g geschälte Pistazien
10 g in Öl eingelegte Mignon-Artischocken
50 g Endiviensalat
50 g Chicorée
1 Zitrone
2 EL kalt gepresstes Olivenöl
Salz
Pfeffer

1. Apfel und Birne waschen und schälen, dann wie gewünscht in Stücke schneiden. In ein Gefäß geben und die Nüsse hinzufügen. Die Artischocken aus dem Öl nehmen – auch sie kommen zu diesen Zutaten.

2. Eine Zitrone ausdrücken und den Saft in eine Schale geben. Öl, Salz und Pfeffer nach Geschmack ergänzen, mischen.

3. Den Salat säubern, waschen und abtropfen lassen. Auf einen Teller legen, dann das Obst und die Nüsse daraufgeben. Das Zitronendressing darüber träufeln, mischen und servieren.

4. Der Salat kann zu Reis-Crostini oder knusprigem Blätterteig aus glutenfreiem Mehl gereicht werden.

MILLEFOGLIE AUS MOZZARELLA UND TOMATEN

Bei Mozzarella handelt es sich um einen für den Mittelmeerraum typischen Käse. Aufgrund seiner Milcheiweiße (Casein), Calcium und Vitamin D ist er hilfreich gegen Osteoporose. Wegen des Caseingehalts kann er als roher Käse schwerer verdaulich sein als die aus einer gekochten und gelagerten Masse (wie etwa der Grana-Käse). In diesen wird das Casein im Laufe der Zeit abgebaut. Als frisches Lebensmittel enthält er viel Wasser und hat - im Gegensatz zu gereiftem Käse - eine reinigende Wirkung.

LEICHT

Zutaten für 4 Personen
Vorbereitung: **10 Minuten**
Kalorien pro Portion: **etwa 350**

200 g Buchweizen-Brot
3 reife Tomaten
250 g Mozzarella aus Kuhmilch
1 Bund Basilikum
4 EL Olivenöl
Salz
Pfeffer

1. Die Tomaten reinigen, waschen und schneiden. Die Scheiben auf ein leicht gekipptes Brettchen legen, damit das überflüssige Wasser ablaufen kann.

2. Den Mozzarella aus der Flüssigkeit nehmen und in dünne Scheiben teilen. Das Basilikum reinigen, abspülen und vorsichtig mit einem Baumwolltuch oder Küchenpapier trocknen.

3. Das Brot in Scheiben schneiden. Es kann auch eine Ausstechform benutzt werden, um spezielle Formen (wie Kreise oder Dreiecke) zu erhalten.

4. Nun werden die verschiedenen Scheiben Brot, Tomaten und Mozzarella abwechselnd auf einen Teller gelegt. Eventuell nach jede Dreier-Folge ein Basilikumblatt stecken. Zum Schluss einen Esslöffel Öl darüber geben, mit Salz und Pfeffer abschmecken. Mit Basilikum dekorieren und anbieten.

FRIKADELLE MIT KORINTHEN

Korinthen (Rosinen) sind Trockenfrüchte. Fast alle Sorten werden aus den Sultana-Trauben hergestellt. Korinthen haben dieselben Inhaltsstoffe wie diese Weintrauben, sind aber kalorienreicher. Vor allem in ihrer Schale finden sich Mineralien wie Kalium, Phosphor, Calcium, Fluor, Vitamine (A, C und verschiedene der Sorte B) und diverse Arten Tannin. Ihnen ist es zu verdanken, dass sie entschlackend, entgiftend, stärkend und blutdrucksenkend wirken. Bei Gicht, Arteriosklerose und Gelenkerkrankungen sind sie ein passendes Gegenmittel.

MITTELSCHWER

Zutaten für 4 Personen
Vorbereitung: **25 Minuten**
Backzeit: **15 Minuten**
Kalorien pro Portion: **etwa 260**

200 g Tofu
1 Paprika
1 Aubergine
20 g eingeweichte Korinthen
20 g Pinienkerne
20 g Pistazien
20 g helle Sesamsaat
2 Eier
50 g Reismehl
50 g geriebener Parmesan-Käse
Salz
Pfeffer

1. Den Ofen auf 200° C vorheizen und ein Backblech mit Ölpapier auslegen.

2. Das Gemüse reinigen und in Stückchen schneiden. Den Tofu aus der haltbar machenden Flüssigkeit nehmen und ebenfalls klein schneiden. Gemüse und Tofu in einer Antihaft-Pfanne circa 5 Minuten andünsten, bis das Gemüse weich ist. Wenn nötig, einige Esslöffel warmes Wasser hinzugeben.

3. Mit einem Mörser alle Kerne zerkleinern und in einer Schüssel mit dem Gemüse und dem Tofu vermengen. Dann die eingeweichten und gut ausgedrückten Korinthen, den Parmesan-Käse und die Eier hinzugeben. Solange kneten, bis daraus eine einheitliche Masse entsteht. Nach Belieben salzen und pfeffern.

4. Etwas Teig nehmen und ihm mit der Hand eine runde Form geben. Jede Kugel im Mehl wälzen, um die Konsistenz zu verbessern. Beim Formen nach und nach die Frikadellen auf das Backblech legen, in den Ofen schieben. Circa 10 Minuten backen, dann entnehmen. Auf einen großen Teller geben und servieren.

REIS-FOCACCIA MIT BIRNEN UND KÄSE

Birnen sind reich an löslichen und unlöslichen Ballaststoffen. Nur eine Birne kann 20% des täglichen Bedarfs eines Erwachsenen daran liefern. Diese Stoffe verlangsamen die Aufnahme von Fruchtzucker und sorgen damit für ein konstantes Energieniveau bei harter Arbeit. Birnen führen dem Organismus Wasser zu, sie fördern das Gleichgewicht in Magen und Darm und senken die Cholesterinwerte.

MITTELSCHWER

Zutaten für 4 Personen
Vorbereitung: **35 Minuten**
Ruhen lassen: **30 Minuten**
Backzeit: **20 Minuten**
Kalorien pro Portion: **etwa 240**

Für den Teig:
100 g Reismehl
50 g Maismehl
50 g Maisstärke
10 g Bierhefe
1 EL Xanthan
2-4 EL kalt gepresstes Olivenöl
etwas Wasser

Für den Belag:
1 Birne
50 g Gorgonzola
50 g Mozzarella
Pfeffer

1. Den Ofen auf 200° C vorheizen und ein passendes Backblech mit Ölpapier auslegen. Die verschiedenen Mehlsorten auf einem hölzernen Nudelbrett anhäufeln und in der Mitte eindrücken. Das Xanthan in einem halben Glas Wasser lösen, und getrennt davon die Hefe in derselben Menge Wasser. Dann beides auf das Mehl gießen. Vermengen, bis eine homogene Masse entsteht.

2. Ab und zu zur leichteren Verarbeitung der Zutaten die Hände mit Öl einreiben. Wenn nötig, etwas Wasser zum Teig hinzufügen, das ihn weicher macht. Diesen dann in Folie einschlagen und 30 Minuten ruhen lassen.

3. Nun die Birne waschen, abtrocknen und in dünne, kurze Streifen schneiden. Den Käse klein teilen.

4. Den Teig auf dem Backblech ausbreiten, die Birnenstückchen auflegen und leicht mit den Fingern andrücken. So haften sie beim Backen besser. Den Käse darauf verteilen und circa 20 Minuten backen.

5. Danach wird das Foccaccia-Brot aus dem Ofen genommen, auf einem großen Teller mit Pfeffer bestreut und serviert.

SOJAPASTA, REISSPAGHETTI, GNOCCHI AUS KARTOFFELN: DAS SIND EINIGE DER KÄUFLICHEN GLUTENFREIEN ALTERNATIVEN. FÜR DEN, DER GERN ANDERES AUSPROBIERT, HIER ALLE GEHEIMNISSE DER ZUBEREITUNG VON TAGLIATELLE, LASAGNE UND VIELEN ANDEREN EXZELLENTEN WIE GESUNDEN SPEISEN.

Bei einer Glutenvermeidungs-Diät finden sich für den ersten Gang viele passende Angebote. Mittlerweile ist es leicht, Makkaroni aus Mais und Sojanudeln und so weiter zu entdecken. Schwieriger bleibt es, Spezialitäten wie Tagliatelle, Gnocchi, Lasagne oder Pizza zu bekommen. Pizza kann zum Beispiel erfolgreich zu Hause gemacht werden, wenn man Reismehl, Maisstärke, Bierhefe und einige Esslöffel Öl vermengt.

Verglichen mit stark klebenden Getreidemehlsorten binden glutenfreie aus Süßgras kaum effektiv. Werden sie vermischt, trennen sie sich leicht. Daher müssen sie weniger geknetet, sondern eher unter Beachtung ihrer Konsistenz zusammengefügt werden. Hier handelt es sich um Übung und eine gewisse Handfertigkeit. Geduld ist angebracht. Einige Tricks können helfen: zum Beispiel ein Ei hinzugeben, dessen Eiweiß und Fett gut klebt und die diversen Mehlarten zusammenhält. Das ermöglicht es, Teig oder Strudel zu erhalten. Auch Ricotta kann dazu dienen, verschiedene Zutaten zu einer Masse zu verarbeiten. Gnocchi (die den Koch auf die Probe stellen) lassen sich unter Zugabe dieses Frischkäses besser formen. Das Kochen seiner Proteine macht sie weicher und sie brechen weniger schnell auf. Xanthangummi (auf Etiketten als E 415 angegeben) ist ebenfalls ein bewährtes Bindemittel. Eingesetzt wird er vor allem bei Speisen, bei denen Zartheit und Reisfestigkeit entscheidend sind, wie bei dünnen Lasagne-Blättern oder Tagliatelle. Das Ziel ist, appetitliche Speisen zuzubereiten, die denen mit Mehl qualitativ gleichen. Insofern bietet jedes Rezept die Möglichkeit, die eigenen Kochkünste zu beweisen.

Abgesehen davon muss die Hochwertigkeit der genannten Inhaltsstoffe

ERSTER GANG

hervorgehoben werden: Der Pizzateig ist weich, Tomaten und Käse lassen sich gut auflegen. Sein nahezu neutraler Geschmack unterstreicht den der anderen Zutaten. Die Tagliatelle mit Ei schmecken abgerundet harmonisch, so bringen sie Soßen gut zur Geltung. Es ist schwierig zu glauben, dass sie aus einem Süßgrasmehl-Mix und Xanthan entstanden sind. Unter den Verdickungsmitteln, die hingegen durch ihren starken Eigengeschmack unter anderen Zutaten hervorstechen, ist Kakao zu nennen. Allein als Pulver klebt er wenig, doch gemeinsam mit Ricotta bindet er ausgezeichnet die Kartoffelmasse der Gnocchi. Für Schoko-Tagliatelle mit Xanthan wiederum ist Ruhenlassen das Wichtigste. Der einen Tag im Kühlschrank verbliebene Teig gewinnt an Geschmeidigkeit. So kann er leichter ausgebreitet und in Streifen geschnitten werden. Seine bittere Note wird mit einer Prise Zucker ausgeglichen, delikat machen ihn etwas Sahne oder Creme.

KÄSE-GRÜTZE

Hauptbestandteil von Kichererbsen sind Proteine, Ballaststoffe und Aminosäuren, nur 6% sind Zucker und Fette. Deswegen sind sie bestens geeignet, den Darmbereich frei von Krankheiten zu halten. Sie verfügen über eine große Anzahl Vitamine (E, B, C und K), Kalium, Phosphor, Kalzium sowie Magnesium. Die Hülsenfrüchte reduzieren den Blutfettwert LDL und Homozystein, eine für Gefäßerkrankungen verantwortliche Säure. Ihr herzschützender Effekt wird durch Omega-3-Fettsäuren noch verstärkt.

MITTELSCHWER

Zutaten für 4 Personen
Vorbereitung: **20 Minuten**
Ruhen lassen: **1 Stunde**
Backzeit: **13 Minuten**
Kalorien pro Portion: **etwa 180**

200 g Kichererbsenmehl
500 ml Wasser
50 g Gorgonzola
4 EL kalt gepresstes Olivenöl
1 kleiner Zweig Salbei
1 kleiner Zweig Rosmarin
Salz
Pfeffer

1. Den Ofen auf 250° C vorheizen. Langsam das Kichererbsenmehl in 500 Milliliter Wasser einrühren, bis ein homogener, glatter Teig ohne Klumpen entsteht.

2. Mit Salz abschmecken und etwa eine Stunde ruhen lassen. Den Gorgonzola in Stücke schneiden und beiseite stellen, bis er benötigt wird. Nun den Salbei und den Rosmarin waschen.

3. Das Öl in eine passende Form mit niedrigem Rand (etwa 3 Zentimeter) geben und so verteilen, dass der Boden und die Seiten davon bedeckt sind. Die Mehlmischung hineinfüllen und vorsichtig umrühren, sodass sie sich mit dem Öl verbindet. Dann die Oberfläche glatt streichen und 10 Minuten backen. Herausnehmen, den Käse darauf streuen und noch einmal 3 Minuten (in denen der Gorgonzola schmilzt) in den Herd schieben.

4. Aus dem Backofen nehmen, die Grütze in Stücke schneiden und mit Pfeffer bestreuen. Mit ausreichend Salbeiblättchen und dem Rosmarinzweig dekorieren. Heiß servieren.

PIZZA MARGHERITA

Die Tomatensorte "Cuore di bue" enthält 94% Wasser, weshalb sie vorrangig durststillend und entschlackend wirkt. Ihr Gehalt an Vitaminen A und E, an Lycopin und Beta-Carotin - alles Antioxidantien - soll das Risiko von Tumoren und Altersbeschwerden senken. Untersuchungen zufolge ist ihr Verzehr auch bei Krankheiten von Herz, Blutkreislauf und Augen zu empfehlen.

MITTELSCHWER

Zutaten für 4 Personen
Vorbereitung: **30 Minuten**
Ruhen lassen: **30 Minuten**
Backzeit: **30 Minuten**
Kalorien pro Portion: **etwa 270**

Für den Teig:
100 g Reismehl
50 g Maismehl
50 g Maisstärke
10 g Bierhefe
1 EL Xanthan
2 EL kalt gepresstes Olivenöl
etwas Wasser

Für den Belag:
200 g Mozzarella
4 reife "Cuore di bue"- Tomaten
4 Thymianzweige
2 EL Öl
Salz

1. Den Ofen auf 200 °C vorheizen. Ein Backblech mit einem Durchmesser von circa 30 Zentimetern mit Ölpapier auslegen. Die Blätter von der Hälfte des Thymians abzupfen und den Rest zum Garnieren übrig lassen.

2. Auf einem hölzernen Nudelbrett das gesamte Mehl anhäufeln und eindrücken. Das Xanthan in zwei Esslöffeln Wasser lösen, getrennt davon die Bierhefe in derselben Menge Wasser. Dann beides in die Mehlvertiefung gießen. Das Öl hinzufügen und die Zutaten kneten, bis eine glatte, homogene Masse entsteht. Wenn nötig, kann sie mit etwas Wasser geschmeidiger gemacht werden. Den Teig in eine Folie einschlagen und 30 Minuten ruhen lassen.

3. Jetzt die Tomaten waschen, häuten und entkernen, sodass Scheiben übrig bleiben. Von ihnen in einem Sieb das überflüssige Wasser 5 Minuten lang ablaufen lassen. Den Mozzarella aus der konservierenden Flüssigkeit nehmen und in kleine Stücke schneiden.

4. Den Teig auf dem Backblech ausbreiten. Mit Tomaten und Mozzarella belegen, langsam etwas Öl darüber gießen und die Thymianblätter zufügen. Nach Geschmack salzen. Die Pizza circa 30 Minuten backen, dann aus dem Herd nehmen. Mit dem verbliebenen Thymian dekorieren und auf den Tisch bringen.

GNOCCHI MIT GORGONZOLA UND KÜRBIS

Kürbis ist zwar kalorienarm, hat aber viele Mineralstoffe wie Calcium, Eisen, Kalium und Phosphor. Von Bedeutung sind seine Ballaststoffe, die Vitamine der Gruppe B sowie A und C. Er wirkt beruhigend, erfrischend, verdauungsfördernd und unterstützt die Nieren.

SCHWIERIG

Zutaten für 4 Personen
Vorbereitung: **50-60 Minuten**
Backzeit: **15 Minuten**
Kalorien pro Portion: **etwa 400**

Für die Gnocchi:
600 g geschälte und gekochte Kartoffeln
100 g Maisstärke
1 Ei
100 g frischer Ricotta
Reismehl
Salz

Für die Soße:
400 g Kürbis
70 g Schimmelkäse
50 g Butter
2 kleine Zweige Salbei
Salz
Pfeffer

1. Das Mehl, den Ricotta, die zerdrückten Kartoffeln und das Ei auf ein hölzernes Nudelbrett geben. Beginnen, die Zutaten zu mischen und leicht salzen. Nicht kneten, da die Masse sehr delikat ist und leicht bröckelt.

2. Wenn die Masse homogen ist, nach und nach Streifen abschneiden. Diese auf einer Arbeitsfläche rollen. Rollen mit einem Durchmesser von etwa 1 und einer Länge von 10 Zentimetern formen. In Stücke schneiden und diesen das Gnocchi-typische, längliche und leicht gerundete Aussehen geben. Dazu leicht mit den Zinken einer Gabel andrücken. Wiederholen, bis der Teig aufgebraucht ist. Die Gnocchi auf ein Küchentuch legen. Es sollte mit Reismehl bestäubt sein, damit sie nicht ankleben.

3. Den Salbei waschen und vorsichtig trocknen. Beim Kürbis Schale, Kerne und das weiche Innere entfernen. In kleine Stücke schneiden und in einer Antihaft-Pfanne dünsten, bis die gewünschte Konsistenz erreicht ist (circa 10 Minuten). Danach in eine Suppenschüssel geben, in die auch die Gnocchi passen.

4. Die Butter und den Käse in Stücke schneiden und zum Kürbis in der Schüssel hinzufügen. Wasser mit einer Prise Salz in einem Topf zum Kochen bringen. Die Gnocchi hineingeben und wenn sie an die Oberfläche steigen, mit einem Schaumlöffel herausnehmen. Auf diesem jeweils kurz abtropfen lassen. Sie werden in die Schüssel gelegt und alles langsam vermengt, sodass sie gut unter den Kürbis gemischt sind. Mit Salz und Pfeffer abschmecken. Zum Schluss mit den Salbeiblättern dekorieren und servieren.

GNOCCHI MIT KAKAO, SAHNE UND GRANATAPFEL

Im Kakao finden sich nicht allein Mineralstoffe wie Magnesium, Kalium, Calcium, Phosphor, Eisen und Natrium. Sondern auch Vitamin B sowie anregende Substanzen wie Koffein, Tyramin, Serotonin und Phenylethylamin, welche die Endorphin-Produktion des Körpers anregen. Die Frucht hat entzündungshemmende, antioxidante Eigenschaften. Sie ist ein guter Energie-Lieferant.

SCHWIERIG

Zutaten für 4 Personen
Vorbereitung: **50-60 Minuten**
Backzeit: **10 Minuten**
Kalorien pro Portion: **etwa 360**

Für die Gnocchi:
600 g gekochte und geschälte Kartoffeln
100 g Maisstärke
1 Ei
100 g frischer Ricotta
30 g Kakao
Salz

Für die Soße:
1 Granatapfel
50 g Sahne
20 g Butter
Salz
Pfeffer

1. Auf einem Nudelholz die Kartoffeln zerdrücken. Dann Maisstärke, Ricotta und Kakao anhäufeln. In der Mitte eindrücken und das Ei hineingeben. Leicht salzen und die Zutaten langsam mischen. Nicht kneten, denn die Masse ist sehr delikat und teilt sich leicht.

2. Wenn die Masse homogen ist, einen ersten Streifen abschneiden. Auf der Arbeitsfläche rollen, eine Rolle mit dem Durchmesser von 1 und der Länge von 10 Zentimetern formen. Nun mit einem Messer aller 2 Zentimeter ein Stück abtrennen. Die so erhaltenen Gnocchi auf ein mit Reismehl bestäubtes Tablett legen, ohne dass sie ankleben. Solange wiederholen, bis der Teig aufgebraucht ist.

3. Den Granatapfel auslöffeln und die Körner in eine Schüssel füllen. Bei niedriger Hitze Butter in einer Antihaft-Pfanne zerlaufen lassen. Die Sahne hineingeben und mischen. Mit der Hälfte der Granatapfel-Körner auffüllen und vom Herd nehmen. Mit Salz und Pfeffer abschmecken.

4. In einem anderen Topf ausreichend Wasser mit etwas Salz zum Kochen bringen. Dann die Gnocchi darin kochen, bis sie an die Oberfläche steigen. Mit einem Schaumlöffel herausnehmen und abtropfen lassen. Zu den anderen Zutaten geben, mischen und sofort auftragen. Mit den übrigen Granatapfelkernen dekorieren.

TAGLIATELLE MIT KAKAO

Da Salsiccia (pikante Wurst) kein Gluten enthält, muss sie bei Zöliakie nicht vermieden werden. Sie hat viele Proteine, ungesättigte und gesättigte Fette. Des Weiteren ist sie mineralstoffreich: Wesentliche Elemente sind Kalium, Calcium und Eisen. Aufgrund des hohen Salzgehalts ist ein übermäßiger Verzehr bei Bluthochdruck nicht ratsam.

SCHWIERIG

Zutaten für 4 Personen
Vorbereitung: **40-50 Minuten**
Ruhen lassen: **24 Stunden**
Backzeit: **10 Minuten**
Kalorien pro Portion: **etwa 380**

Für die Tagliatelle:
70 g Kartoffelmehl
100 g Reismehl
50 g Maismehl
1/2 EL Xanthan
30 g Kakao
1 TL Zucker
2 Eier
etwas Wasser

Für die Soße:
50 g Sahne
100 g Salsiccia
10 gehackte Walnüsse
Salz
Pfeffer

1. Das Mehl, den Kakao, die Eier und den Zucker in eine Schüssel füllen. Das Xanthan in zwei Esslöffeln Wasser lösen und zu den anderen Zutaten geben. Mischen, bis eine glatte und homogene Masse entsteht. Sollte sie sich zu schwer bearbeiten lassen, nach und nach ein wenig Wasser hinzufügen. In eine durchsichtige Folie einschlagen und einen Tag im Kühlschrank ruhen lassen.

2. Wenn die Zeit um ist, mit dem Nudelholz oder der Nudelmaschine den Teig auf einer mit Mehl bestäubten Fläche ausrollen. Am besten vorsichtig, da er sehr delikat ist und leicht aufreißt. Den Teig auf 1 Millimeter Dicke bringen, dann auf ein ebenfalls mit Mehl bestäubtes Küchentuch legen.

3. Die gesamte Oberfläche der Teigstücke mit Mehl bestreuen. Nun entweder mit der Maschine Tagliatelle schneiden, oder den Teig um sich selbst wickeln und mit einem scharfen Messer Streifen abtrennen. Diese auf einem mit Mehl bestäubten Tuch gut ausbreiten.

4. Die Schale von der Salsiccia entfernen und in einer Antihaft-Pfanne bei kleiner Hitze etwa 5 Minuten anbraten. Sobald sie durchgebraten ist, ohne Zufuhr von Wärme Sahne und Nüsse hinzugeben. Nach Wunsch salzen und pfeffern.

5. In einem Topf ausreichend Wasser mit etwas Salz zum Kochen bringen. Die Tagliatelle hineingeben und 3-4 Minuten kochen lassen, dann abgießen. Jetzt werden sie mit der Soße vermengt und sofort aufgetischt.

MAIS-TAGLIATELLE MIT ARTISCHOCKEN

Roher Schinken gilt als ein gut bekömmliches Nahrungsmittel. Er enthält Wasser, Fette, Mineralsalze wie Calcium, Phosphor, Eisen, Natrium, Kalium, Magnesium und Zink. Beachtlich ist sein Gehalt an den Vitaminen B1, B2, B6 und PP. Auch sein Eiweißanteil ist mit circa 25-29% hoch.

LEICHT

Zutaten für 4 Personen
Vorbereitung: **20 Minuten**
Backzeit: **15-20 Minuten**
Kalorien pro Portion: **etwa 360**

350 g fertige Mais-Tagliatelle
4 Artischocken
2 Knoblauchzehen
50 g roher Schinken
4 EL kalt gepresstes Olivenöl
Salz
Pfeffer

1. Die Artischocken waschen, die äußeren Enden abschneiden. Die harten äußeren Blätter entfernen und nur das zarte Innere behalten. Den Knoblauch schälen.

2. In einer Antihaft-Pfanne zwei Esslöffel Öl und den Knoblauch erhitzen. Die Artischocken erst kurz vor dem Anbraten zuschneiden, da ihre Blätter sonst schnell schwarz werden. Die längs klein geschnittenen Artischocken dazugeben und bei kleiner Hitze dünsten, bis sie gar sind. Wenn nötig, etwas Wasser in die Pfanne geben. Nun den Schinken in feine Streifen schneiden.

3. Sobald die Artischocken fertig sind, ohne Zufuhr von Wärme den rohen Schinken beigeben. Mit Salz und Pfeffer abschmecken. Dabei darauf achten, dass der Schinken schon sehr salzig sein kann (also vorher kosten).

4. Einen mit ausreichend gesalzenem Wasser gefüllten Topf auf den Herd stellen. Das Wasser zum Kochen bringen. Die Tagliatelle ins Wasser schütten und die auf der Packung angegebene Zeit köcheln lassen. Dann abgießen und zu der Artischocken-Schinken-Mischung geben. Unterheben, zwei Esslöffel Öl hinzufügen und servieren.

SPAGHETTI AUS REIS

Reis ist das verbreitetste Nahrungsmittel auf der Welt und bei Sprue gut geeignet, weil er leicht verdaut werden kann. Ungeschält hat er viel Vitamin B. Das aus Reis gefertigte Mehl enthält wenig Eiweiß, aber genügend Aminosäuren, Phosphor und Kalium.

MITTELSCHWER

Zutaten für 4 Personen
Vorbereitung: **20 Minuten**
Backzeit: **15 Minuten**
Kalorien pro Portion: **etwa 340**

350 g Reis-Spaghetti
2 Möhren
100 g tiefgekühlte Erbsen
20 g Sonnenblumenkerne
20 g Kürbiskerne
1 Kopfsalat
100 ml Gemüsebrühe
1 EL Sojasoße Tamari
Salz
Pfeffer

1. Den Salat auszupfen, waschen und trocknen. In einem feuchten Küchentuch beiseite legen, bis er gebraucht wird. Die Möhren abspülen und reinigen, dann in Streifen schneiden.

2. In einer großen Antihaft-Pfanne Möhren und Erbsen in Brühe und Sojasoße bei starker Hitze dünsten. Salz und Pfeffer hinzufügen.

3. Die Sonnenblumen- und Kürbiskerne in einer Antihaft-Pfanne einige Minuten rösten. Die Pfanne oft schütteln, damit sie nicht anbrennen. Beiseite stellen.

4. In einem Topf ausreichend Wasser mit etwas Salz zum Kochen bringen. Die Spaghetti hineingeben und solange köcheln lassen, wie auf der Packung angegeben, dann abgießen. Die Pasta mit dem Gemüse vermengen. Auf jeden einzelnen Teller ein oder zwei Salatblätter legen, die Pasta darauf geben. Mit den knusprigen Kernen dekorieren und gleich auftragen.

SOJA-NUDELN MIT GEMÜSE UND KRABBEN

Die japanische Tamari-Soße besteht aus fermentiertem Soja. Sie stammt aus China und ist die einzige glutenfreie Soja-Soße. Schon buddhistische Mönche, die vegetarische Speisen zu sich nahmen, nutzten sie. Mit ihr gaben sie dem Essen das gewünschte Fleischaroma. Vorteilhaft ist ihr Wert an Antioxidantien, er liegt 10-mal höher als der von Rotwein. Deswegen wirkt sie gegen Tumore, zudem beeinflusst sie die Verdauung positiv. Ihr hoher Salzgehalt macht sie nicht empfehlenswert bei Bluthochdruck und bei salzarmer Kost.

MITTELSCHWER

Zutaten für 4 Personen
Vorbereitung: **10 Minuten**
Backzeit: **10 Minuten**
Kalorien pro Portion: **etwa 360**

350 g Soja-Nudeln
1 kleine gelbe Paprika
200 g Chicorée
12 Krabbenschwänze
150 g kleiner Tintenfisch
2 EL Sojasoße Tamari
etwas Ingwerwurzel
3 EL Sonnenblumenöl
Salz
Pfeffer

1. Die Paprika säubern, waschen und in kleine Stücke schneiden. Den Chicorée ebenso. Den Tintenfisch ausnehmen und mehrfach in kaltem Wasser waschen. Die Krabben werden abgespült und ihr Gehäuse entfernt.

2. Öl und Sojasauce in eine Antihaft-Pfanne geben, das Gemüse darin etwa 5 Minuten bei starker Hitze dünsten. (Die Zeit kann je nach bevorzugter Konsistenz variieren.) Mit Salz und Pfeffer abschmecken (aber aufgepasst: die Sojasoße ist sehr salzig).

3. In einer anderen Antihaft-Pfanne in einigen Esslöffeln Sonnenblumenöl den Tintenfisch bei großer Hitze 1 Minute anschmoren. Dann die Krabben dazugeben, ebenfalls anbraten, bis sie nicht mehr farblos aussehen. Wenn sie fertig sind, vom Herd nehmen. Mit dem Gemüse vermengen und zur Seite stellen.

4. Nun einen Topf mit ausreichend Wasser füllen. Dieses mit etwas Salz zum Kochen bringen. Die Nudeln hineingeben und solange köcheln, wie auf der Packung angegeben. Dann abgießen, auf einen tiefen Teller füllen. Mit den anderen Zutaten vermengen und servieren. So gewünscht, kann neben die Soja-Nudeln eines jeden Gastes ein Schüsselchen mit Tamari-Soße gestellt werden, die mit einigen Scheiben Ingwer verfeinert ist.

PENNE AUS MAIS MIT HEUSCHRECKENKREBS

Beim Heuschreckenkrebs handelt es sich um ein Krustentier, das an der Mittelmeerküste vorkommt. Wie alle Schalentiere hat er wenig Kalorien und kann bei einer kalorienreduzierten Kost gegessen werden. Ein weiterer Vorteil: Er enthält Proteine, mehrfach ungesättigte Fettsäuren und B-Vitamine. Zudem ist er leicht verdaulich.

MITTELSCHWER

Zutaten für 4 Personen
Vorbereitung: **20 Minuten**
Backzeit: **20 Minuten**
Kalorien pro Portion: **etwa 360**

350 g Penne aus Mais
4 Heuschreckenkrebse
4 Krabben
4 reife Tomaten
1 rote Paprika
1 grüne Paprika
frischer Oregano
4 EL kalt gepresstes Olivenöl
4 Knoblauchzehen
1 frische Chilischote
Salz

1. Tomaten und Paprika reinigen, waschen und in Stücke schneiden. Den Knoblauch schälen. Den Oregano und die Chilischote abspülen und trocknen.

2. Jetzt die Heuschreckenkrebse waschen, ihr Gehäuse am Hinterleib einschneiden. (Das macht es leichter, sie zu öffnen und zu essen.) Vorsichtig mit Küchenpapier abtupfen und so trocknen. Dasselbe mit den Krabben wiederholen.

3. In einer Antihaft-Pfanne in Öl den erst kurz davor zerkleinerten Knoblauch und Paprika für 3-4 Minuten bei starker Hitze anbraten. Nach Wunsch etwas für die Dekoration beiseite legen. Die Tomaten hinzugeben, weitere 3 Minuten dünsten. Dabei die Tomaten mit einer Gabel zerdrücken, Heuschreckenkrebse und Krabben hinzufügen. Nochmals 3 Minuten bei großer Hitze köcheln, aufpassen, dass nichts anklebt. Danach mit dem klein geschnittenen Chili, Salz und Pfeffer würzen.

4. Ausreichend Wasser mit etwas Salz zum Kochen bringen. Die Penne hineingeben und solange kochen, wie auf der Packung angegeben. Abgießen und mit der Soße vermengen. Nun wird die Pasta mit einem Heuschreckenkrebs und einer Krabbe pro Teller serviert. Mit frischem Oregano und eventuell etwas Chili anrichten.

VARIATION DER AMATRICIANA

Der Hauptbestandteil von Speck ist Fett: Er hat 90% gesättigte und ungesättigte Fette. Er ist äußerst nahrhaft, auch Proteine, Vitamine und Mineralien fehlen ihm nicht. Völlig ohne Kleber ist er bei glutenfreier Ernährung geeignet.

LEICHT

Zutaten für 4 Personen
Vorbereitung: **15 Minuten**
Backzeit: **15 Minuten**
Kalorien pro Portion: **etwa 380**

350 g Spaghetti aus Reis
50 g Speck
4 reife Tomaten
50 g geriebener Pecorino-Käse
1 Knoblauchzehe
Salz
Pfeffer

1. Die Tomaten waschen, häuten und Samen herausschneiden. Wenn nur Scheiben übrig sind, ihr Wasser 5 Minuten in einem Sieb ablaufen lassen. Den Knoblauch schälen.

2. Tomaten und Knoblauch in ein Gefäß geben, sodass sich ihr Geschmack verbinden kann. Nach Belieben salzen.

3. Den Speck mit einem scharfen Messer in Stücke schneiden. In einem Topf mit Antihaftschicht 5 Minuten bei großer Hitze schmoren, sodass ein Teil seines Fettes austritt. Danach die Tomaten hinzufügen, noch 5 Minuten köcheln. Vom Herd nehmen und abdecken.

4. Jetzt wird ausreichend Wasser mit Salz in einem Topf zum Kochen gebracht. Die Spaghetti hineingeben und solange köcheln, wie auf der Packung angegeben. Abgießen und mit dem Speck vermengen. Den Pecorino-Käse darüber streuen, mit Pfeffer würzen und mischen. Noch heiß servieren.

LASAGNE AUS REIS MIT PESTO

Die Bohne ist die Hülsenfrucht der Bohnenpflanze. Es gibt sehr viele verschiedene Arten dieses aus Amerika stammenden Gemüses. Alle enthalten 90% Wasser, sind also kalorienarm. Sie weisen unverdauliche Ballaststoffe, die Vitamine A und C, Eisen und Calcium auf. Bei Verzehr wirken sie reinigend auf den Organismus und regulierend bei Darmträgheit.

SCHWIERIG

Zutaten für 4 Personen
Vorbereitung: **50 Minuten**
Backzeit: **15 Minuten**
Ruhen lassen: **30 Minuten**
Kalorien pro Portion: **etwa 650**

Für die Lasagne:
150 g Reismehl
50 g Maismehl
50 g Maisstärke
50 g Kartoffelmehl
1 EL Xanthan
2 Eier
etwas Wasser
etwas Olivenöl

Für den Pesto:
50 g Basilikum
100 ml kalt gepresstes Olivenöl
2 Knoblauchzehen
70 g Parmesan-Käse
30 g Pecorino-Käse
15 g Pinienkerne
200 g gekochte Bohnen
2 geschälte, gekochte Kartoffeln
Salz

1. Den Ofen auf 200 °C vorheizen und eine Auflaufform mit einem Durchmesser von circa 25 Zentimetern einfetten.

2. Auf einem Holzbrett das Mehl anhäufeln, in der Mitte eindrücken. Das Ei hineinfügen. Das Xanthan in zwei Esslöffeln Wasser lösen und dazugeben. Vermengen, bis ein weicher und glatter Teig entsteht.

3. Die Hände mit etwas Öl befeuchten, um das Arbeiten zu erleichtern. Eine Kugel aus der einheitlichen Masse formen, in Klarsichtfolie einschlagen. Im Kühlschrank etwa 30 Minuten ruhen lassen, dann daraus mit der Pasta-Maschine dünne Blätter ziehen. Die so erhaltene Lasagne auf einem mit Mehl bestäubten Küchentuch auslegen und zur Seite geben.

4. Das Basilikum waschen und vorsichtig trocknen. Etwas davon zum Garnieren weglegen. Den Knoblauch schälen, den Pecorino und den Parmesan-Käse reiben.

5. Den Knoblauch mit einem Mörser zerkleinern, bis er cremig ist. Basilikum und Pinienkerne sowie die Hälfte des Käses werden hinzugefügt, nach Wunsch gesalzen. Alles solange bearbeiten, bis es zu einer weichen und homogenen Masse wird. In ein Gefäß geben, mit dem Öl, den gerade geschnittenen Kartoffeln und den zerkleinerten Bohnen vermengen. Gut mischen.

6. Die Lasagneblätter in gesalzenem Wasser kochen. Nach der Hälfte der Kochzeit das Wasser abgießen und eine erste Schicht der Blättchen in der Form auslegen. Mit Pesto bedecken, über ihn etwas Käse geben. Mit der zweiten Schicht und den folgenden so fortfahren, bis alle Zutaten aufgebraucht sind. Im Herd 30 Minuten backen, dann herausnehmen. Mit dem verbliebenen Basilikum hübsch anrichten und heiß servieren.

TAGLIATELLE AUS REIS MIT WACHTEL

Wachtelfleisch hat einen hohen Eiweiß- und einen niedrigen Fettgehalt. Dieses Wildfleisch (auch wenn der größte Teil der Wachteln inzwischen aus Zuchtanlagen kommt) ist gut bekömmlich, nahrhaft und völlig glutenfrei.

SCHWIERIG

Zutaten für 4 Personen
Vorbereitung: **45 Minuten**
Backzeit: **15 Minuten**
Ruhen lassen: **1 Stunde**
Kalorien pro Portion: **etwa 320**

Für die Tagliatelle:
70 g Reismehl
50 g Kartoffelmehl
50 g Maisstärke
50 g Maismehl
1 EL Xanthan
2 Eier
etwas Wasser

Für die Beilage:
8 Wachtelbrüstchen
20 g Pistazien
6 EL kalt gepresstes Olivenöl
Salz
Pfeffer

1. Die verschiedenen Mehlsorten und die Eier in eine Schüssel füllen. Das Xanthan in zwei Esslöffeln Wasser lösen, dazugeben. Beginnen, alles zu mischen, bis eine glatte und homogene Masse entsteht. Sollte sie zu schwer zu bearbeiten sein, macht sie etwas Wasser geschmeidiger.

2. Den so erhaltenen Teig in Klarsichtfolie einschlagen und an einem kühlen Ort wenigstens eine Stunde ruhen lassen.

3. Nach Ablauf der Zeit den Teig mit einem Nudelholz oder der Nudelmaschine vorsichtig ausrollen (denn er ist sehr delikat und zerfällt leicht). Dabei sollten Stücke mit einer Dicke von 1 Millimeter entstehen. Diese auf ein mit Mehl bestäubtes Tuch legen.

4. Jedes der Stücke zusammenrollen und mit einem scharfen Messer Streifen - die Tagliatelle - abschneiden. Die Tagliatelle auf eine bemehlte Fläche geben und gut verteilen.

5. Die Wachtelbrüstchen mit zwei Esslöffeln Öl in einer Antihaft-Pfanne bei starker Hitze anschmoren. So notwendig, ab und zu mit etwas Wasser benetzen. Mit dem Braten fortfahren, bis das Fleisch (nach circa 10 Minuten) gar ist. Wie gewünscht salzen und pfeffern.

6. Die Pistazien in mittelgroße Stückchen hacken. Ein Drittel davon zum Dekorieren beiseite legen.

7. Einen Topf mit ausreichend Wasser füllen, etwas Salz hineinstreuen. Wenn das Wasser kocht, die Tagliatelle für 3-4 Minuten darin köcheln. Dann abgießen und mit der Beilage vermengen, vier Esslöffel Öl und die gehackten Pistazien dazugeben. Auf jedem Teller die Tagliatelle und zwei Brüstchen anrichten, mit ein paar ganzen Pistazien verschönern. Sofort auftischen.

GEMÜSE-COUSCOUS

Die rote Tropea-Zwiebel ist für ihre heilenden Inhaltsstoffe bekannt. Dazu gehören große Mengen Fenole, Flavonoide, Quercetin, Mineralsalze wie Kalium, Schwefel, Eisen, Fluor, Calcium, Phosphor, Mangan und Zink. Zu nennen sind auch die Vitamine A, B, C und E. Da sie viele Enzyme enthält, ist sie gut verdaulich. Insbesondere bei Bluthochdruck, Arteriosklerose und einem hohen Blutfettwert bietet sich ihre Nutzung an.

MITTELSCHWER

Zutaten für 4 Personen
Vorbereitung: **20 Minuten**
Backzeit: **10 Minuten**
Ruhen lassen: **5 Minuten**
Kalorien pro Portion: **etwa 350**

200 g Couscous aus Reis und Mais
6 Selleriestangen
200 g eingeweichte Bohnen
2 Zucchini
2 Karotten
1 Paprika
1 Tropea-Zwiebel
400 g gehäutete Tomaten
4 EL kalt gepresstes Olivenöl
Salz
Pfeffer

1. Das gesamte Gemüse außer den Zucchini reinigen und in kleinere Stücke schneiden. Nun erst die Zucchini waschen, die Enden abtrennen und in Kreise schneiden. Die Zwiebel schälen, in feine Scheiben teilen.

2. Zwei Esslöffel Öl in eine große Antihaft-Pfanne geben. Wenn es heiß ist, die Zwiebel dazugeben und gelb werden lassen, dann mit Gemüse, Bohnen und Tomaten auffüllen. Oft umrühren und köcheln lassen, bis alles gar ist (5 Minuten dürften ausreichen). Mit Salz und Pfeffer abschmecken.

3. In einem Topf 300 Milliliter Wasser mit etwas Salz erhitzen. Das Couscous in eine größere Schüssel füllen. Wenn das Wasser kocht, auf das Couscous geben. Zwei Esslöffel Öl hinzufügen und mischen. Bedecken und circa 5 Minuten ruhen lassen, damit das Wasser aufgesogen werden kann.

4. Das Couscous in einzelne Schalen füllen und mit Gemüsesoße übergießen. Auftragen.

BOHNENSUPPE

Bohnen sind die in den Hülsen der Bohnenpflanze befindlichen Samen. Sie bestehen zu beträchtlichen Teilen aus Eiweiß, Ballaststoffen, Kalium, Phosphor, Magnesium sowie den Vitaminen B2, B3 und B6. Ihre Ballaststoffe wirken abführend und helfen folglich bei Verstopfung und Hämorrhoiden.

MITTELSCHWER

Zutaten für 4 Personen
Vorbereitung: **25 Minuten**
Backzeit: **2 Stunden**
Ruhen lassen: **8 Stunden**
Kalorien pro Portion: **etwa 180**

150 g trockene Buschbohnen
150 g trockene Azukibohnen
100 g trockene Kichererbsen
2 Selleriestangen
1 Zwiebel
1 Knoblauchzehe
2 EL kalt gepresstes Olivenöl
1 Bund Kräuter (Lorbeer, Salbei und Rosmarin)
100 ml vegetarische Brühe
4 kleine Buchweizen-Brote
Salz
Pfeffer

1. Die Bohnen circa 8 Stunden einweichen, waschen und das Wasser abgießen.

2. Die Kräuter in ein Gazesäckchen geben und es mit Küchenschnur zubinden. Den Sellerie reinigen und in Stückchen schneiden. Den Knoblauch und die Zwiebel schälen, den Knoblauch sehr fein, die Zwiebel klein schneiden. Die Brühe aufwärmen, zum Kochen bringen und warm halten.

3. Das Öl in einen passend großen Topf geben, ebenso Sellerie, Knoblauch und Zwiebel. Rösten und dabei umrühren. Dann die Hülsenfrüchte, Brühe und Kräuter zugeben. Etwa 2 Stunden bei schwacher Hitze kochen lassen. Währenddessen salzen, pfeffern und regelmäßig umrühren. Wenn die Brühe zu schnell verdunstet, die Wärmezufuhr verringern und zudecken. Jetzt das Brot toasten.

4. Nach Ablauf der Zeit die Hülsenfruchtsuppe vom Herd nehmen, das Kräutersäckchen entfernen. Nach Geschmack kann etwas Öl hineingeträufelt werden. Mit Pfeffer in ganzen Körnern und getoastetem Buchweizen-Brot ergänzen.

PLATTERBSEN-SUPPE MIT CHICORÉE

Die Platterbse ist eine Feldbohnen und Kichererbsen ähnliche Hülsenfrucht. Auffällig ist ihr hoher Protein- und Säuregehalt. Hinzu kommt der hohe Gehalt an Ballaststoffen und wenig Fett. Unter den Vitaminen hat sie vor allem diejenigen des B-Komplexes (B1, B2 und B3 oder PP) sowie Mineralien wie Calcium und Phosphor.

LEICHT

Zutaten für 4 Personen
Vorbereitung: **20 Minuten**
Backzeit: **2 Stunden**
Ruhen lassen: **8 Stunden**
Kalorien pro Portion: **etwa 180**

200 g getrocknete Platterbsen
200 g Chicorée
1 Zwiebel
3 Knoblauchzehen
500 ml vegetarische Brühe
500 ml Wasser
5 Chicorée-Blätter
1 Chilischote
4 EL kalt gepresstes Olivenöl
Salz
Pfeffer

1. Die Platterbsen circa 8 Stunden in Wasser einweichen, dann unter fließendem Wasser waschen und abgießen. Den Chicorée auszupfen und abspülen. Zwei Knoblauchzehen und die Zwiebel schälen.

2. In einem passenden Topf den Knoblauch, die Zwiebel und den Chicorée (etwa 10 Blätter zum Verschönern weglegen) in einem Esslöffel Öl anbraten. Nach 2 Minuten mit Platterbsen, Gemüsebrühe und Wasser auffüllen. Etwa 2 Stunden kochen lassen. Währenddessen salzen und pfeffern, danach mit einem Deckel bedecken.

3. Den verbliebenen Chicorée in feine Streifen schneiden, den restlichen Knoblauch schälen und quer klein schneiden. Die Chilischote waschen und in Ringe schneiden. Getrennt in einer Antihaft-Pfanne mit dem noch vorhandenen Öl braten und auf etwas Küchenpapier abtropfen lassen, bis es zum Garnieren gebraucht wird.

4. Die heiße Suppe in die einzelnen tiefen Teller füllen und die Chicorée-Knoblauch-Mischung darauf geben; servieren.

GEMÜSESUPPE MIT QUINOA UND SOJASPROSSEN

Quinoa ist eine Graspflanze mit Samen, die denen der Hirse gleichen. Ihr Herkunftsgebiet ist Südamerika. Unabhängig von der Sorte ist Quinoa sehr nährstoff- und ballaststoffreich (10%). Genügend vorhanden sind Magnesium, Natrium, Phosphor, Eisen, Zink, die Vitamine A, B, C und E. Zudem hat Quinoa Antioxidantien und Aminosäuren wie Lysin und Methionin. Es weist kein Gluten auf.

MITTELSCHWER

Zutaten für 4 Personen
Vorbereitung: **30 Minuten**
Backzeit: **3 Stunden und 15 Minuten**
Kalorien pro Portion: **etwa 140**

100 g Quinoa
1 Sellerieherz
200 g frische Bohnen
100 g grüne Bohnen
300 g Rotkohl
100 g Sojasprossen
1 Chilischote
10 g frischer Koriander
Salz

Für die Brühe:
2 Selleriestangen
1 Zwiebel
1 Karotte
1 Knoblauchzehe
5 g Basilikum
5 g Petersilie

1. Die Bohnen zwei Stunden kochen, dann das Wasser abgießen. Für die Brühe Basilikum und Petersilie auszupfen und waschen. Das Gemüse reinigen und in Stückchen teilen. Alles in einen Topf mit 2 Litern Wasser geben und 1 Stunde kochen lassen. Danach durch ein Sieb gießen und mit Salz abschmecken. Die Brühe bis zur Weiterverarbeitung warm halten.

2. Das Quinoa unter kaltem Wasser abspülen, um eventuelle natürliche Rückstände zu entfernen. Nun gut abtropfen lassen. In einem Topf mit der doppelten Menge Wasser erhitzen. Bei mittlerer Hitze mit Deckel köcheln lassen, bis das Wasser (nach etwa 15 Minuten) vollständig aufgesogen ist. Bedeckt zur Seite stellen. Die grünen Bohnen blanchieren und den Koriander waschen. Nur seine Blätter werden benutzt.

3. Sellerie und Kohl reinigen und waschen, in Scheiben schneiden. Ein Kohlblatt zum Anrichten zurücklegen. Die Sojakeime in einem Sieb unter fließendem Wasser abspülen und einige Minuten abtropfen lassen. Frisch halten.

4. Auf jeden Teller Quinoa und sowohl das gekochte als auch das rohe Gemüse verteilen. Den Koriander dazulegen. Jetzt die warme Brühe darüber geben. Der gerade geschnittene Chili wird hinzugefügt - fertig zum Servieren.

PASSATELLI-NUDELN MIT KAKAO

Soja besteht zu 40% aus Proteinen und zu 20% aus gesättigten und ungesättigten Fetten. Wertvolle Inhaltsstoffe sind Kalium, Phosphor, Calcium und Magnesium, die Vitamine A, C und einige der B-Gruppe. Nach Untersuchungen soll Soja schützend auf die Darmflora wirken und das Krebsrisiko senken.

SCHWIERIG

Zutaten für 4 Personen
Vorbereitung: **25 Minuten**
Backzeit: **4 Minuten**
Kalorien pro Portion: **etwa 460**

Für die Passatelli:
500 g gekochte Kartoffeln
50 g Kartoffelmehl
50 g Maisstärke
100 g Semmelbrösel aus Reisbrot
1 Ei
30 g Kakao

Für die Soße:
100 g Soja-Sahne
40 g geröstete Haselnüsse
Salz
Pfeffer

1. In einem Gefäß die Kartoffeln zerdrücken, dann Kartoffelmehl, Maisstärke, Ei, Kakao und Semmelbrösel hinzugeben. Mindestens 10 Minuten kneten, bis ein weicher, glatter und homogener Teig entsteht. In größere runde Stücke teilen. Diese in den Kühlschrank legen, bis sie gebraucht werden.

2. In einer Antihaft-Pfanne bei geringer Hitze die Sahne erwärmen und die Haselnüsse mit einem Mörser in größere Stücke hacken. Die Nussstücke in die Sahne geben und verrühren. Salzen und pfeffern, vom Herd nehmen.

3. Ausreichend Wasser mit etwas Salz zum Kochen bringen. Die Passatelli mit dem eigens dafür vorgesehenen Gerät direkt aus dem Teig in das köchelnde Wasser ausdrücken. 2-3 Minuten darin lassen, dann abgießen. Abschließend werden die Passatelli mit der Sahnesoße vermengt.

REIS MIT OKTOPUS UND ERBSEN

Der Oktopus (Krake) gehört zu den Mollusken. Er verfügt über große Mengen an Kalium, Calcium, Phosphor, die Vitamine A und B1 sowie Eiweiß und Retinol. Weil er aus viel Wasser besteht, kann bei einer kalorienarmen Ernährung auf ihn zurückgegriffen werden. Nicht für alle ist er gut verträglich, was am hohen Proteingehalt seines Bindegewebes liegt.

LEICHT

Zutaten für 4 Personen
Vorbereitung: **15 Minuten**
Backzeit: **15-20 Minuten**
Kalorien pro Portion: **etwa 380**

200 g Reis
200 g gekochter Oktopus
100 g kleine rote Tomaten
100 g kleine orange Tomaten
100 g frische oder tiefgekühlte Erbsen
200 ml heiße Gemüsebrühe
1 Handvoll Kräuter (getrockneter Oregano und Petersilie, frisches kleinblättriges Basilikum)
1 Schalotte
2 EL kalt gepresstes Olivenöl
Salz
frisch gemahlener Pfeffer

1. Die Schalotte schälen und zerkleinern. Die kleinen Tomaten waschen und halbieren.

2. In einer Antihaft-Pfanne die Schalottenstückchen in 1 Esslöffel Öl bei großer Hitze 2 Minuten dämpfen. Dann die Erbsen und Tomaten hinzufügen. Den Reis mehrfach in kaltem Wasser waschen, abgießen.

3. Den Oktopus in kleine Stücke schneiden und mit den anderen Zutaten vermengen. Mit Salz und Pfeffer abschmecken.

4. Einen Topf mit 1 Liter Wasser und etwas Salz auf den Herd stellen und den Reis hineingeben. Bei niedriger Temperatur mit Deckel 12 Minuten kochen. Die Konsistenz kontrollieren, wenn der Reis gar ist, abgießen. Zur Oktopus-Mischung geben, unterheben und bei kleiner Hitze alle Zutaten weiterkochen.

5. Die Gemüsebrühe dazu schütten und regelmäßig umrühren. Noch etwa 3 Minuten köcheln, dann auf die Teller geben. Die Kräuter und ein wenig frisch gemahlenen Pfeffer darüber streuen. Mit Basilikum dekorieren. Sofort auftragen.

FISCH-PAELLA MIT NATURREIS

Safran wird hauptsächlich in Pulverform genutzt. Das Pulver ist sehr wertvoll (bei gleichem Gewicht kostet es mehr als Gold); es hat 65% Kohlenhydrate und 12% Wasser. An Mineralien finden sich Calcium, Phosphor, Natrium, Kalium, Eisen, Magnesium und Mangan. Safran ist reich an Vitamin A, B und C, dazu an Antioxidantien und Radikalfängern wie Lycopin und Zeaxanthin.

MITTELSCHWER

Zutaten für 4 Personen
Vorbereitung: **30 Minuten**
Backzeit: **15 Minuten**
Ruhen lassen: **30 Minuten**
Kalorien pro Portion: **etwa 380**

200 g Naturreis
8 Krabben
500 g Miesmuscheln
100 g Pfeilkalamar
1 Zitrone
1 Paprika
200 g Erbsen
1 Zwiebel
2 EL Öl
500 ml heiße Gemüsebrühe
1 Tütchen Safran
2 EL kalt gepresstes Olivenöl
Salz
Pfeffer

1. Den Naturreis waschen und 20 Minuten in 1 Liter gesalzenem Wasser kochen. Abgießen und beiseite stellen, bis er gebraucht wird.

2. Die Miesmuscheln in mit 1 Esslöffel Salz angereichertes Wasser legen. Das Wasser ab und zu bewegen, ca. 30 Minuten durchspülen. Kontrollieren, dass sie nicht zerbrochen oder offen sind. In diesem Fall entsorgen. Dann mit einem Eisenbürstchen abkratzen und die Muschelseide entfernen. Den Pfeilkalamar waschen und ausnehmen, in runde Stücke schneiden. Die Krabben reinigen.

3. Die Muscheln aus dem Wasser holen und einige Minuten abtropfen lassen. Nun in eine Antihaft-Pfanne geben und bei mittlerer Temperatur erhitzen, bis sie sich öffnen. Vom Herd nehmen und bedeckt ziehen lassen.

4. Stiel, Samen und das helle Innere der Paprikas entfernen, dann in kleine Streifen schneiden. Die Zitrone waschen und Scheiben daraus schneiden. Eine Zwiebel schälen und in feine, gleichmäßige Scheibchen zuschneiden. Diese in einer Antihaft-Pfanne mit 2 Esslöffeln Öl andünsten. Das Gemüse dazugeben und solange erhitzen, bis es weich ist (etwa 10 Minuten). Den Reis hinzufügen, mischen und weitere 10 Minuten kochen lassen. Dabei des Öfteren mit einem Holzlöffel umrühren und mit der nötigen Menge Gemüsebrühe befeuchten. Nach Wunsch salzen und pfeffern. Den Safran in ein halbes Glas Brühe rühren.

5. Wenn die Zeit um ist, die Miesmuscheln, Pfeilkalamar und Krabben dazugeben, die Safranmischung darüber gießen. 3-4 Minuten kochen lassen, bis die gewünschte Konsistenz erreicht ist. Den Reis auf die Teller verteilen, pro Person zwei Krabben auflegen. Mit den Zitronenscheiben verzieren.

DIE HIER PRÄSENTIERTEN REZEPTE OHNE GETREIDE UND KLEBER SIND BEI SPRUE PROBLEMLOS ANWENDBAR. SIE ZEIGEN, WIE MAN DAS HERKÖMMLICHE MEHL DURCH KARTOFFEL- UND REISMEHL ODER MAISSTÄRKE ERSETZT. DADURCH KÖNNEN GEBACKENER FISCH ODER DELIKAT FRITTIERTES GEMÜSE WIEDER GENOSSEN WERDEN.

Beim zweiten Gang sind leicht alle Unsicherheiten mit Gluten zu vermeiden. Es reicht, auf Gemüse, Fisch und Fleisch (Hühnchenbrust, Rinderfilet, Steaks, Pute) zurückzugreifen, sie zu schmoren oder zu grillen und alle Gerichte mit Mehl wegzulassen. Natürlich sollten die Kniffe für unwiderstehliche Kartoffelpuffer, gefüllte Tintenfische, Hühnchenhappen und das Ausbacken bekannt sein.

Beim Reiben von Reis-, Mais- oder Buchweizenbrot entsteht ausgezeichnetes Semmelmehl, beim Zerkrümeln von Grissini knuspriges Paniermehl. Doch was wird für den Teig zum Frittieren verwendet? Statt des herkömmlichen Mehls werden Kartoffelmehl oder Maisstärke genutzt. Das Resultat ist eine sehr zarte, leichte und weiße Hülle, welche die Zutaten einschließt, ohne zu viel Fett zu haben. Reismehl beispielsweise schützt nicht nur die Feuchtigkeit der eingeschlossenen Nahrungsmittel, sondern nimmt auch nur wenig Bratöl auf. Daher ist es auch zum Ausbraten von Fisch bestens geeignet: Das Gericht ist fettarm, leicht und geschmackvoll. Seine einzelnen Geschmacksnoten vermischen sich nicht und der Eigengeschmack des Öls dominiert nicht. Hinzu kommt ein weiterer Vorteil: Reismehl ist gut bekömmlich, auch für Personen ohne Ernährungseinschränkung.

Die Zubereitung von Bratlingen, Frikadellen und Pasteten wird durch das Weglassen von traditionellem Mehl also keineswegs behindert. Vielmehr ergibt sich die Wahl zwischen der feinen Konsistenz von Maisstärke oder der körnigeren von Reismehl. Die genannten Mehlsorten sind sicherlich geeignet für eine Umhüllung mit glattem und samtigem Geschmack, aber für einen Mantel um Fleisch nicht empfehlenswert.

ZWEITER GANG

Deshalb greift man hier vorrangig auf Maismehl zurück. Im Handel findet es sich in fein gemahlener und grobkörniger Form. Das feine ist für die Zubereitung von Cremes und zum Andicken von Soßen oder Beilagen heranzuziehen.
Die Küche gilt als ein Ort, in dem das fantasievolle Experimentieren in allen Varianten möglich ist. Demzufolge können Rezepte, die unangebracht bei Zöliakie wirken, umgesetzt werden. Allein ihre Zutaten sind zu verändern, zu ersetzen und zu ergänzen. Wo normalerweise Getreide benutzt wird, lohnt der Versuch, Reis zu nehmen. Wo die verbotene Komponente Semmelbrösel sind, kann mit Maisgrissini variiert werden, die sich zum Beispiel angefeuchtet für die Füllung eines Tintenfischs eignen. Bei den grundsätzlich erlaubten Gerichten – wie bei Polenta in allen Ausführungen – ist nichts vorzuschlagen, was die Bekömmlichkeit noch steigern könnte: Sie sind schon perfekt.

QUINOA-BRATLINGE MIT LEINSAMEN UND SESAM

Lein ist eine Graspflanze, deren Saat reichlich Omega-3-Fettsäuren enthält. Genauer hat ein Teelöffel Leinöl ungefähr 1,7 Gramm davon. Omega-3-Fettsäuren wirken heilend auf das Herz. Hervorzuheben ist auch der Gehalt von Leinsaat an Mineralsalzen, Eiweißen, Lipiden, Linolsäuren und Ballaststoffen. Diese haben antioxidative Eigenschaften und beeinflussen den Blutkreislauf positiv. Der Verzehr von Leinsaat kann möglicherweise das Krebsrisiko (Brust-, Prostata- und Darmkrebs) verringern.

LEICHT

Zutaten für 4 Personen
Vorbereitung: **20 minuten**
Backzeit: **4 Minuten**
Kalorien pro Portion: **etwa 450**

200 g gekochtes Quinoa
30 g Leinsaat
30 g Sesam
100 g Ricotta
50 g Reismehl
2 EL Kräuter (Oregano, Thymian, Koriander und Kardamom)
200 ml Erdnussöl
Salz
Pfeffer

1. Quinoa, Ricotta, Kräuter und Pfeffer in eine Schüssel geben. Alles mit den Händen vermengen, sodass eine cremige Masse entsteht.

2. Wiederholt etwas von diesem Teig nehmen und formen; die Stücke sollen eine runde Form bekommen. Solange wiederholen, bis nichts mehr davon übrig ist.

3. Auf einem flachen Teller die zwei Arten Körner getrennt ausbreiten und einige Teigbällchen in der Leinsaat, die anderen im Sesam rollen. Die Kerne leicht andrücken, damit sie beim Backen nicht abfallen.

4. Die entstandenen Bällchen im Mehl wälzen, Öl in einer großen Pfanne erhitzen und wenn es heiß ist, hineingeben. Die Bratlinge mehrfach darin umdrehen und 3-4 Minuten backen.

5. Wenn sie richtig durchgebraten und knusprig sind, herausnehmen. Das überschüssige Öl läuft ab, indem man sie auf Küchenpapier legt. Dann auf einen Servierteller schichten, salzen und abschließend anbieten.

ZIEGENKÄSE-HAPPEN MIT NÜSSEN

Ziegenkäse gilt allgemein als gut verdaulich, auch für denjenigen, der das aus Kuhmilch hergestellte Casein nicht verträgt oder nicht genügend Enzyme bildet. Der Käse hat für reichlich Energiezufuhr sorgende Proteine und verschiedene Mineralien, wie Calcium, Magnesium und - in geringerer Menge - Phosphor. Sein Vitamin B regt die Gehirnaktivität an.

LEICHT

Zutaten für 4 Personen
Vorbereitung: **15 Minuten**
Kalorien pro Portion: **etwa 180**

250 g frischer Ziegenkäse
25 g Pistazien
25 g Piemonteser Haselnüsse
1 schon gereinigter Salatkopf
Salz
Pfeffer

1. Den Käse in eine Schüssel geben, nach Bedarf salzen und pfeffern. Dann mit den Zinken einer Gabel zerquetschen, bis ein weicher Brei entsteht.

2. Jeweils eine kleine Menge nehmen und mit den Händen verarbeiten. Kleine runde Formen bilden. So fortfahren, bis der Brei aufgebraucht ist. Die Kügelchen auf einen Teller legen.

3. Mit einem Mörser Pistazien und Haselnüsse ganz fein hacken.

4. Die beiden dabei erhaltenen Portionen auf getrennte Teller schütten und die Kugeln in je einer rollen, bis sie völlig damit bedeckt sind. Etwa die Hälfte ist also mit Pistazien-, die andere mit dem Haselnussmehl überzogen.

5. Die Kugeln auf einem Teller verteilen. Noch köstlicher sieht es aus, wenn sie auf einigen Salatblättern präsentiert werden.

ROTE POLENTA

Traditionell wird davon ausgegangen, dass Polenta ein Aphrodisiakum ist. Das Maismehl, aus dem sie gekocht wird, enthält weniger Kohlenhydrate als das aus Getreide. Es ist reich an leicht verdaulichen Fettsäuren. Eiweiß und Vitamine fehlen fast vollständig. Polenta kann in den Speiseplan von Glutenallergikern aufgenommen werden.

LEICHT

Zutaten für 4 Personen
Vorbereitung: **10 Minuten**
Backzeit: **20 Minuten**
Kalorien pro Portion: **etwa 600**

400 g schon fertige Polenta
400 g gehäutete Tomaten
200 g Salsiccia
1 Knoblauchzehe
1 Schalotte
4 kleine Zweige Rosmarin
4 Salbeispitzen
2 EL kalt gepresstes Olivenöl
Salz
Pfeffer

1. Den Knoblauch und die Schalotte schälen, in Scheiben schneiden. Den Rosmarin waschen und trocknen, so fein wie möglich hacken (vier Stücke zum Garnieren zurückbehalten). Den Salbei abspülen und zur Seite legen. Die Tomaten abtropfen lassen und in Würfel schneiden.

2. In einer Antihaft-Pfanne Knoblauch und Schalotte mit zwei Esslöffeln Öl 5 Minuten bei hoher Temperatur dünsten. Die Tomatenwürfel und den Rosmarin dazugeben, vermengen. Die Salsiccia in Stücke schneiden und in der Pfanne mit dem Rest circa 10 Minuten köcheln, oft umrühren. Alles mit Salz und Pfeffer abschmecken. Danach von der Hitzequelle nehmen und mit einem Deckel abgedeckt durchziehen lassen.

3. Die Polenta in 8 Stücke teilen, diese in einer Antihaft-Pfanne bei hoher Temperatur 5 Minuten anbraten. Dabei darauf achten, dass sie nicht verbrennen. Wenn sie heiß sind, je zwei Scheiben pro Tischgast vorsehen. Auf den Teller kommt auch die Salsiccia-Beilage. Verschönert wird er mit Rosmarin und dem Salbei.

WEIßE REISTORTE MIT GEMÜSE

Erbsen sind scheinbar keine besonderen Hülsenfrüchte, weisen aber ernährungsphysiologisch wichtige Proteine auf. Sie enthalten diverse B-Vitamine, Vitamin C sowie eine beachtliche Menge an Mineralien wie Eisen und Kalium.

MITTELSCHWER

Zutaten für 4 Personen
Vorbereitung: **15 Minuten**
Backzeit: **40 Minuten**
Kalorien pro Portion: **etwa 480**

300 g Reis
3 Tomaten
150 g schon gekochter, abgetropfter Spinat
100 g Erbsen
1 Schalotte
1 l heiße Gemüsebrühe
30 g Paniermehl aus Brot von Reis oder Mais
2 EL kalt gepresstes Olivenöl
Salz
Pfeffer

1. Die Tomaten waschen, häuten und die Samen entfernen. In Scheiben schneiden.

2. Den Ofen auf 200° C vorheizen. Die Schalotten putzen und in Scheibchen teilen. In einer Antihaft-Pfanne in 2 Esslöffeln Öl 5 Minuten lang bei hoher Temperatur schmoren. Den Reis dazugeben und leicht anbraten (circa 2 Minuten), wobei mit einem Holzlöffel umgerührt wird.

3. Die Tomatenstücke, den Spinat und die Erbsen unter den Reis heben und mischen. Etwa 15 Minuten garen, sobald die Masse zu trocken wird, mit Gemüsebrühe abhelfen.

4. Ein Backblech mit Ölpapier auslegen und mit etwas Reis- oder Mais-Paniermehl bestreuen. Dann die Reismischung einfüllen. Mit einem Löffel die Oberfläche glätten und Paniermehl darauf bröseln, sodass sich beim Backen eine goldgelbe Kruste bilden kann.

5. Nun im Herd etwa 20 Minuten backen, danach bei Zimmertemperatur etwas abkühlen lassen. Die Reistorte vom Blech nehmen und auf einen Teller setzen. Anschneiden und – wenn gewünscht – noch warm servieren.

TEMPURA MIT GEMÜSE UND KRABBEN

Krabben haben als Krustentiere einen Eiweißanteil von etwa 15%. Zucker und Fette sind in noch kleinerer Menge vorhanden. Aufgrund ihres niedrigen Kaloriengehaltes bieten sie sich für eine gesunde Ernährung an, insofern nicht übermäßig gewürzt wird. Sie enthalten Astaxanthin, das Ernährungsexperten seit Kurzem untersuchen. Das Bioflavonoid soll effizient gegen Alterungsprozesse des Gewebes und Gefäßerkrankungen der Mikrozirkulation helfen.

LEICHT

Zutaten für 4 Personen
Vorbereitung: **10 Minuten**
Backzeit: **2 Minuten**
Kalorien pro Portion: **etwa 580**

2 Zucchini
1 rote Paprika
1 grüne Paprika
12 Krabben
100 g Maisstärke
50 g Reismehl
300 ml gefrorenes Wasser mit Kohlensäure
300 ml Erdnussöl
Salz
Pfeffer

1. Die Zucchini von den Enden befreien, waschen und in circa 1 Millimeter dünne Scheiben schneiden. Die Paprikaschoten ausputzen und in kleine Streifen schneiden.

2. Die Krabben unter fließendem Wasser reinigen, mit etwas Küchenpapier behutsam das Wasser abtupfen.

3. Das gesamte Mehl und das Wasser in eine Schüssel füllen. Mit einem Schneebesen verrühren, bis alle Klümpchen verschwunden sind und ein glatter Teig entstanden ist. In einer großen Antihaft-Pfanne das Öl bis auf 170° C erhitzen.

4. Nach und nach die Gemüsestücke und die Krabben in den Teig tunken. Danach werden sie in das heiße Öl gegeben. Dort circa 2 Minuten ausbacken, bis sie eine leichte Färbung bekommen und knusprig sind.

5. Stück für Stück mit einem Schaumlöffel aus der Pfanne nehmen. Auf Küchenpapier legen, damit das überflüssige Öl ablaufen kann. Nun auf einen Teller geben, salzen und pfeffern.

FRITTIERTE PARANZA

Bei Paranza handelt es sich um eine Mischung kleiner Fischarten (Seezunge, Meerbarbe, Kabeljau, Meeräsche, Sardelle, Sardine und so weiter). Alle sind nahrhaft und eine verträgliche Kost; sie verfügen über Eiweiß, Omega-3-Fettsäuren und Antioxidantien.

LEICHT

Zutaten für 4 Personen
Vorbereitung: **15 Minuten**
Backzeit: **15-20 Minuten**
Kalorien pro Portion: **etwa 480**

500 g Heuschreckenkrebs
200 g gereinigte Seehechtfilets
300 g Sardellen
400 g Sardinen
100 g Reismehl
2 Zitronen
300 ml Sonnenblumenöl
Salz

1. Die Heuschreckenkrebse am Hinterleib einritzen, dann unter fließendem Wasser waschen und mit Küchenpapier abtupfen. Von Sardellen und Sardinen den Kopf abtrennen, ausnehmen, ausspülen und mit Küchenpapier trocknen.

2. Die Zitronen waschen. Das Mehl auf einen Teller geben und die Fische, die Heuschreckenkrebse und die Seehechtfilets darin wälzen. Dabei darauf achten, dass jeweils die gesamte Oberfläche mit Mehl bedeckt ist.

3. Eine Pfanne mit Öl auf eine Hitzquelle stellen, wenn es 170° heiß ist, die Zutaten hineingeben. Mit dem Seehecht beginnen und den Sardinen beenden. Alle circa 3-4 Minuten frittieren, vorsichtig dabei bewegen. Fische und Schalentiere erst wenden, wenn sie bereits angebraten sind. Solange ausbacken, bis sie eine leicht gefärbte Kruste haben.

4. Nach dem Frittieren die Paranza mit einem Schaumlöffel herausnehmen. Auf etwas Küchenpapier geben, wo das überschüssige Öl ablaufen kann. Auf einen Servierteller legen. Mit frisch abgeschnittenen Zitronenscheiben dekorieren, salzen und auftragen.

KARTOFFELPUFFER

Schwarzer Pfeffer ist die noch unreif geerntete Frucht der Pflanze Piper nigrum. Die charakteristische dunkle Farbe bekommt er beim Trocknen an der Sonne. Mit seinem unverwechselbaren Aroma würzt er nicht nur Gerichte. Er enthält ebenso Mineralsalze wie Eisen, Calcium, Natrium, Kalium, Phosphor und Zink. Zudem weist er Vitamin C, E und verschiedene Arten des Vitamin Bs auf. Vorteilhaft ist, ihn im Moment des Anrichtens zu mahlen, weil so seine Inhaltsstoffe unverändert bleiben.

LEICHT

Zutaten für 4 Personen
Vorbereitung: **20 Minuten**
Backzeit: **35 Minuten**
Kalorien pro Portion: **etwa 300**

800 g Kartoffeln
30 g Parmesan-Käse
1 Ei
50 g Maisstärke
2 EL trockene Petersilie
4 EL Olivenöl
Salz
Pfefferkörner

1. Die Kartoffeln in einem Topf 30 Minuten kochen, abgießen und abkühlen lassen, die Schale abziehen. Die Maisstärke auf einen flachen Teller geben.

2. Mit einer Kartoffelpresse eine weiche Masse herstellen, sie wird in eine Schüssel gefüllt. Das Ei, den Parmesan-Käse, die Hälfte der Petersilie und ausreichend gemahlenen Pfeffer unterheben. Alles gut vermengen, bis die Zutaten zu einer glatten Masse vermischt sind.

3. Etwas davon nehmen und Kügelchen formen. Diese werden leicht mit der Handfläche gedrückt, damit sie eine leicht abgeflachte Form erhalten. In der Maisstärke wälzen, bis sie überall davon bedeckt sind. Die Stärke schützt die Teigstücke beim Braten: Sie verhindert, dass sie auseinanderfallen.

4. Das Öl in einer Antihaft-Pfanne gut erhitzen. Wenn es heiß ist, die Stücke 4-5 Minuten darin braten. Mehrmals wenden, um ein gleichmäßiges Anbräunen zu garantieren.

5. Mit einem Schaumlöffel aus der Pfanne nehmen und auf einem mit Küchenpapier bedeckten Teller abtropfen lassen. Einige Minuten stehen lassen und eine Prise Salz darüber streuen. Schließlich die Kartoffelpfannkuchen auf einem großen Teller anrichten und mit der übrigen trockenen Petersilie garnieren. Auf den Tisch bringen.

GEBACKENE SARDINEN IN REISKRUSTE

Sardinen sind sehr nahrhaft. Sie besitzen hochwertige Proteine, Omega-3-Fettsäuren und Mineralien wie Phosphor, das für die physische wie psychische Entwicklung wichtig ist. Außerdem fördern Sardinen die Gesundheit der Blutgefäße und des Herzens.

LEICHT

Zutaten für 4 Personen
Vorbereitung: **10 Minuten**
Backzeit: **10-15 Minuten**
Kalorien pro Portion: **etwa 480**

400 g Sardinen
70 g Reismehl
200 ml Sojaöl
Salz
1 Zitrone (eventuell)

1. Die Sardinen ausnehmen und den Kopf entfernen. Unter fließendem Wasser waschen und mit etwas Küchenpapier die Feuchtigkeit entfernen.

2. Das Reismehl auf einem größeren Teller ausbreiten und vorsichtig die Sardinen einzeln darin wälzen. Es soll ihre gesamte Oberfläche bedecken und gut daran haften.

3. Das Öl in eine Antihaft-Pfanne geben und auf 170° C erhitzen. Dann die Fische etwa 3-4 Minuten frittieren, mehrfach wenden.

4. Wenn sie knusprig sind, mit einem Schaumlöffel entnehmen. Einen Teller mit Küchenpapier belegen und sie darauf häufen. Nachdem das überschüssige Öl abgelaufen ist, auf einen großen Teller umlagern. Salzen und - gegebenenfalls mit Zitronenscheiben - servieren.

GEFÜLLTER TINTENFISCH

Tintenfisch ist sowohl reich an Ballaststoffen als auch an Mineralien (Phosphor, Kalium und Calcium) und Vitaminen (A, B1, D). Seine mehrfach ungesättigten Fettsäuren wirken positiv bei zu hohem Cholesterinspiegel und auf den Blutkreislauf.

MITTELSCHWER

Zutaten für 4 Personen
Vorbereitung: **35 Minuten**
Backzeit: **20 Minuten**
Kalorien pro Portion: **etwa 295**

8 kleine, schon gereinigte Tintenfische
200 g Grissini aus Buchweizen
2 Eier
1 Orange
1 orange Chilischote
1 rote Chilischote
1 getrocknete Chilischote
1 TL Paprika
1 Bund Petersilie
4 Handvoll Zitronenverbene (Verveine)
Salz

1. Den Backofen auf 200° C vorheizen. Die Grissini mit dem Mixer fast bis auf Mehlkonsistenz zerkleinern. Die Petersilie auszupfen, waschen und trocknen, dann die Hälfte kleinhacken. Den anderen Teil zum Garnieren weglegen. Die frischen Chilischoten und die Zitronenverbene abspülen. Von der Verbene einige Blätter nehmen, die dann dem Tintenfisch ihr feines Aroma geben. Der Rest davon dient zum Dekorieren.

2. Das Grissini-Mehl und die Eier in eine Schüssel geben. Beides vermengen, bis sich die Zutaten gut verbunden haben. Nach Geschmack salzen. Hierbei handelt es sich um die Masse, mit welcher der Tintenfisch gefüllt wird.

3. Die getrocknete Chilischote fein hacken und mit dem Paprika mischen. Die Füllmasse teilen: zu einem Teil die gehackte Petersilie geben, den anderen mit Paprika und Chili anreichern. Die Hälfte der Tintenfische mit dem ersten, die andere Hälfte mit dem zweiten Teig füllen. Im Herd circa 20 Minuten backen.

4. Nach Ablauf der Zeit die Tintenfische herausnehmen. Einige mit der verbliebenen Petersilie, dem frisch in Ringe geschnittenen roten Chili und etwas Zitronenverbene bestreichen. Über die anderen den gerade in Ringe geschnittenen Paprika häufeln.

5. Eine Orange waschen und in Scheiben schneiden. Die Scheiben auf einem runden Teller anordnen, die Tintenfische darauf legen. Zum Schluss mit den übrig gebliebenen Blättchen der Zitronenverbene verzieren und den Gästen auftragen.

GEFÜLLTER PFEILKALAMAR

Der Pfeilkalamar ist eine Meeresmolluske, die dem Tintenfisch ähnelt. Resistent und elastisch, bietet sie sich zum Füllen genauso an. Kalamare haben viel Eiweiß, Mineralsalze wie Natrium, Kalium, Calcium, Phosphor, Eisen und Jod. Außerdem bergen sie Spurenelemente wie Selen und Zink. Ihre vorrangigen Vitamine sind A und B; ihnen fehlen Lipide. Beim Kauf sollte man darauf achten, dass sie frisch sind. Sie verlieren schnell sowohl an Nährstoffen als auch an Geschmack und verderben.

MITTELSCHWER

Zutaten für 4 Personen
Vorbereitung: **25 Minuten**
Backzeit: **20 Minuten**
Kalorien pro Portion: **etwa 230**

8 mittelgroße Pfeilkalamare
400 g passierte Tomaten
30 g frische Petersilie
100 g Maisbrot für die Füllung
4 Scheiben Maisbrot zum Dazureichen
1 gekochte Kartoffel
2 Eier
50 g gereifter, geriebener Ricottakäse
100 ml Gemüsebrühe
2 Knoblauchzehen
2 EL Öl
Salz
Pfeffer

1. Die Fangarme der Mollusken entfernen (sie können beispielsweise noch für Pasta allo scoglio verwendet werden) und ihre Säcke entleeren. Die Kalamare mehrmals waschen und in ein Nudelsieb geben, darin zunächst in den Kühlschrank stellen. Die Petersilie reinigen, einige Blätter zum Anrichten abzupfen. Den Rest auf einem Holzbrett häckseln.

2. Das Brot für die Füllung zerbröseln und in die warme Brühe legen. Wenn es weich geworden und aufgegangen ist, in ein Sieb füllen. Mit den Händen zu einer geschmeidigen Masse auspressen, die keine Flüssigkeit mehr enthält.

3. Die Kartoffel mit einer Gabel zerdrücken und den erhaltenen Brei in ein Gefäß umschütten. Darin mit den Eiern, der Ricotta, dem Brot und der zerkleinerten Petersilie vermischen. Mit 1 Esslöffel passierter Tomaten, Salz und Pfeffer abschmecken. Alles mit den Händen verarbeiten, bis eine einheitliche Füllung entsteht und die Aromen gut miteinander verbunden sind.

4. Die Masse in die natürlichen Säcke der Kalamare geben und sie zu zwei Dritteln füllen. Dann die Mollusken mit einem Zahnstocher verschließen, um zu verhindern, dass beim Braten Teig austritt.

5. Die Knoblauchzehen ohne Schalen zerdrücken und in einer Antihaft-Pfanne mit Öl goldgelb anbraten. Entnehmen und den Rest der passierten Tomaten mit dem Öl erhitzen. Mit Salz abschmecken und 5 Minuten eindicken lassen. Dann die Kalamare einlegen. Bei mittlerer Hitze 5 Minuten bedeckt köcheln, wenden und kontrollieren, dass die Tomatensoße nicht zu sämig wird. Wenn nötig, etwas warmes Wasser hinzugeben. Noch etwa 3 Minuten weiterköcheln, dann die Mollusken auf die Teller heben. Mit genügend Soße bedecken und einigen Mais-Brotstücken anrichten. Die restliche Petersilie hilft beim Verzieren; gleich servieren.

PUTENHAPPEN MIT GEWÜRZEN

Putenfleisch ist weiß, es hat viele Kohlenhydrate, hochwertige Proteine und Aminosäuren, zum Beispiel Triptofan. Diese werden begleitet von einer beachtlichen Menge Eisen (ähnlich wie bei rotem Fleisch). Gesättigte Fettsäuren enthält es kaum.

LEICHT

Zutaten für 4 Personen
Vorbereitung: **25 Minuten**
Backzeit: **5 Minuten**
Kalorien pro Portion: **etwa 250**

400 g Putenbrust
30 g Curry
1 getrocknete, klein gehackte Chilischote
20 g Pinienkerne
200 g vorgekochtes Quinoa
1 Glas Weiswein
2 EL kalt gepresstes Olivenöl
Salz

1. Das Quinoa warm halten. In einer Schüssel Curry und Chili mischen. Die Putenbrust in mittelgroße Stücke schneiden, in den Gewürzen wenden. Vollständig mit der Würze bedecken und diese leicht andrücken.

2. In einer Antihaft-Pfanne das Fleisch im Öl bei mittlerer Hitze etwa 5 Minuten anbräunen. Währenddessen regelmäßig mit Wein befeuchten. Nach Belieben salzen.

3. In einer anderen Antihaft-Pfanne die Pinienkerne erhitzen, zu den Happen geben (ein Drittel zum Dekorieren zurücklegen).

4. Das Quinoa portionsweise anrichten, die Happen darüber geben, nachsalzen. Jeden Teller mit den verbliebenen Kernen ergänzen.

HÜHNCHENHAPPEN VON MAIS-GRISSINI

Weißes Fleisch liefert gut verdauliche Eiweiße, ist zuträglich gegen Müdigkeit, zur Gewebeneubildung und für die Antikörperproduktion. Beispielsweise Hühnchenbrust besteht zu 75% aus Wasser und zu 23% aus Proteinen; Fette machen weniger als 1% aus. Vitamine wie A, B (verschiedene), C und E sind vorhanden. Ergänzt werden sie durch die Mineralien Magnesium, Zink, Kupfer, Selen, Kalium und Eisen.

LEICHT

Zutaten für 4 Personen
Vorbereitung: **20 Minuten**
Backzeit: **15 Minuten**
Kalorien pro Portion: **etwa 280**

400 g Hühnchenbrust
150 g Maisgrissini
50 g Maismehl
1 Ei
Salz
Pfeffer

1. Die Hühnchenbrust in Stücke schneiden. Im Mixer die Grissini fein mahlen. Den Ofen auf 220° C vorheizen.

2. In einem Gefäß das Mais- und das Grissinimehl mischen, mit Salz und Pfeffer abschmecken. Ein Ei über einem tiefen Teller öffnen und solange schlagen, bis Eiweiß und Eigelb verbunden sind.

3. Jedes Hühnchenstück ins Ei tunken, dann im Mehl wenden, das nun an seiner Oberfläche klebt. Das Mehl mit den Händen andrücken, damit es fest am Fleisch haftet.

4. Die Happen auf ein mit Küchenpapier belegtes Backblech legen und im Herd 5 Minuten backen, herausnehmen, umdrehen und noch einmal hineinschieben. Wenn sie nach etwa 10 Minuten goldgelb werden und gar sind, herausholen. 2 Minuten abkühlen lassen und auf einen passenden Teller legen. Der Geschmack und Geruch des nun darüber gemahlenen Pfeffers verbessert sie noch - servieren.

HÜHNCHEN MIT ZITRUSFRÜCHTEN

Alle Zitrusfrüchte sind reich an Vitamin A und E, einem starken Antioxidans, aber besonders an Vitamin C. Dieses Vitamin kann die Entstehung von Krebs und Osteoporose verhindern. Es fördert die Blutgerinnung und stärkt das Immunsystem. Aufgrund ihres Säuregehaltes sind Zitrusfrüchte bei Magengeschwüren nicht zu empfehlen.

LEICHT

Zutaten für 4 Personen
Vorbereitung: **20 Minuten**
Backzeit: **10 Minuten**
Kalorien pro Portion: **etwa 250**

4 Hähnchenschenkel in 4 Stücken
30 g Reismehl
30 g Kartoffelmehl
2 Zitronen
2 Orangen
3 EL kalt gepresstes Olivenöl
4 kleine Zweige Ysop
Salz
Pfeffer

1. Das gesamte Mehl in eine Schüssel geben und gut vermengen. Das Fleisch in der Mischung wenden und etwas eindrücken, sodass sie fest am Fleisch haftet.

2. In einer Antihaft-Pfanne die Schenkel in Öl bei mittlerer Temperatur circa 10 Minuten anbraten. Während des Schmorens werden sie mehrmals gedreht und gegen Ende der Saft einer frisch gepressten Orange und einer Zitrone dazugefüllt. Dann nach Belieben salzen und pfeffern.

3. Die restliche Zitrone und Orange in Scheiben schneiden. Den Ysop waschen und trocknen.

4. Das Hähnchen auf die einzelnen Teller verteilen und nach Belieben mit Zitronen- und Orangenscheiben sowie einigen Ysop-Zweigen veredeln. Noch heiß servieren.

GEBRATENES PERLHUHN MIT ÄPFELN

Weißes Perlhuhnfleisch ist ein guter Lieferant der Vitamine B1, B2 und B3 (oder PP). Es besteht zu 25% aus für das Wachstum wichtigen Eiweißen und Ballaststoffen, die wesentlich besser verdaulich als die von anderen Fleischsorten sind. Aufgrund der genannten Eigenschaften ist es besonders für Kinder geeignet.

MITTELSCHWER

Zutaten für 4 Personen
Vorbereitung: **15 Minuten**
Backzeit: **60 Minuten**
Kalorien pro Portion: **etwa 250**

1 zerlegtes Perlhuhn (etwa 1 kg)
4 rote Äpfel
3 Rosmarinzweige
1 Schalotte
1 Glas Weiswein
ausreichend Maisstärke
2 EL kalt gepresstes Olivenöl
Salz
Pfeffer

1. Eventuell noch vorhandene Federchen vom Perlhuhn entfernen, waschen und gut mit Küchenpapier trocknen. Die Schalotte abschaben und quer klein schneiden. Den Rosmarin abspülen und abschütteln. Die Äpfel säubern, aber nicht schälen.

2. In einer passend großen Pfanne das Fleisch mit der Schalotte in Öl anbraten, dann mit dem Wein befeuchten. Den Alkohol verdunsten lassen, bei geringer Hitze etwa 1 Stunde dünsten. Dabei die Stücke regelmäßig wenden, damit sie gleichmäßig braun werden. Nach der Hälfte der Zeit die Äpfel in Stifte schneiden und dazugeben. Nach Wunsch salzen und pfeffern, hin und wieder mit einem Holzlöffel umrühren.

3. Nach dem Schmoren den Bratensaft durchseihen. Mit einem Teelöffel Maisstärke binden und in einem kleinen Topf andicken. Das Perlhuhn und die Äpfel auf einen Servierteller heben, die Soße darübergießen, mit den Rosmarinspitzen garnieren und auftragen.

RINDERFILET

Rindfleisch ist das Fleisch eines nicht kastrierten Stiers oder eines weiblichen Tiers ohne Junge. Es hat viele hochwertige Eiweiße mit ausreichend Myoglobin und Hämoglobin. Ergänzt werden sie durch wichtige Mineralstoffe. Trotz seines relativ geringen Wassergehalts (weniger als Kalbfleisch) ist es leicht verdaulich. Dennoch wird empfohlen, es in Maßen zu verzehren, um den Körper nicht mit gesättigten Fetten zu belasten.

LEICHT

Zutaten für 4 Personen
Vorbereitung: **10 Minuten**
Backzeit: **8 Minuten**
Kalorien pro Portion: **etwa 180**

4 Scheiben Rinderfilet (jede etwa 150 g)
4 Reisblätter
schwarzes Hawaii-Salz
Pfeffer
4 EL kalt gepresstes Olivenöl (nach Belieben)

1. Die Reisblätter einzeln in kaltem Wasser in einem tiefen Teller einweichen, 2 Minuten darin lassen. Herausnehmen und das überschüssige Wasser auf einem Baumwolltuch ablaufen lassen. Auf großer Flamme eine Grillpfanne oder eine Antihaft-Pfanne erhitzen.

2. Jede Fleischscheibe in ein Reisblatt einschlagen, sodass sie umhüllt ist, Küchenschnur darumbinden.

3. Die Scheiben in der schon erhitzten Grillpfanne etwa 3-4 Minuten pro Seite grillen, bis das Fleisch soweit durchgebraten ist, wie es dem Geschmack entspricht.

4. Danach die Filets auf einen flachen Teller geben, nach Belieben salzen und pfeffern und eventuell mit etwas Öl übergießen (aber: ein Esslöffel Öl hat 90 Kalorien). Noch heiß auf den Tisch geben.

OMELETTROLLE MIT GEMÜSE

Hauptbestandteil des Eies - dessen Wert für die Gesundheit wesentlich ist - sind Proteine und Fette. Die Mehrzahl der Fette gehört zu den ungesättigten und schützt das Herz-Kreislauf-System. Es enthält auch Lecithin, das den Cholesterinspiegel im Blut reguliert, indem es den HDL-Anteil steigert und den an LDL senkt. Im Fall von Gallensteinen und Leberkrankheiten sollte man mit dem Essen zurückhaltend sein.

MITTELSCHWER

Zutaten für 4 Personen
Vorbereitung: **20 Minuten**
Backzeit: **30 Minuten**
Kalorien pro Portion: **etwa 180**

Für die Rolle:
4 Eier
2 EL geriebener Parmesan-Käse
50 ml Wasser mit Kohlensäure
Salz
Pfeffer

Für die Füllung:
2 Zucchini
2 Karotten
1 rote Paprika
20 g grüne Oliven
2 EL kalt gepresstes Olivenöl

1. Den Ofen auf 160° C vorheizen. Die Zucchini von den Enden befreien, abspülen und in Scheiben schneiden; die Karotten putzen und in Stückchen schneiden. Die Paprika entstielen und innen ausschaben, würfeln. Die Oliven entsteinen und in Scheibchen teilen.

2. Das gesamte Gemüse in Öl in einer Antihaft-Pfanne etwa 10 Minuten dünsten (bis es so weich wie gewünscht ist), ab und zu umrühren. Mit Salz und Pfeffer abschmecken. Wenn es fertig ist, zugedeckt ziehen lassen.

3. Das Ei aufschlagen und in eine Schüssel geben. Mit dem Parmesan-Käse vermengen, salzen und pfeffern. Mit dem Wasser vermischen, bis eine zähe Flüssigkeit entsteht. Nun in eine rechteckige, mit Backpapier ausgelegte (Auflauf-) Form füllen und etwa 20 Minuten backen.

4. Wenn die Masse gestockt ist, das Omelett aus dem Ofen nehmen, vorsichtig aus der Form holen und auf ein Holzbrett legen. Das Gemüse darauf verteilen und einrollen, sodass sich ein mit Gemüse gefülltes Röllchen ergibt.

5. Das Röllchen in Klarsichtfolie wickeln und warten, dass es abkühlt. Nun die Folie abziehen, durchschneiden und anrichten.

OKTOPUS MIT KARTOFFELN

Petersilie besteht zu 50% aus Zucker, zu 26% aus Proteinen, zu 6% aus Wasser und Ballaststoffen sowie Mineralien (Calcium, Kalium, Natrium, Phosphor, Magnesium, Eisen, Zink, Selen und Mangan). Auch an Vitaminen mangelt es ihr nicht: A, C, E, K und verschiedene Sorten B finden sich in ihr. Ergänzt wird dieses Spektrum durch verschiedene Aminosäuren und das Antioxidans Flavonoid. Letzteres ist in der Lage, Zellalterung zu verlangsamen und Tumorbildung entgegenzuwirken.

MITTELSCHWER

Zutaten für 4 Personen
Vorbereitung: **40 Minuten**
Backzeit: **50 Minuten**
Kalorien pro Portion: **etwa 270**

1 Oktopus (circa 1 kg schwer)
400 g kleine Kartoffeln
1 Knoblauchzehe
1 Bund Petersilie
1 Zitrone
2 EL kalt gepresstes Olivenöl
Salz
Pfeffer

1. Den Oktopus sorgsam so waschen, dass eventuelle Sandreste beseitigt werden. Von den Innereien befreien.
2. In einen ausreichend großen Topf 1 Liter Wasser füllen, unzerteilt circa 30 Minuten kochen lassen (bis er dem Geschmack entsprechend weich ist).
3. Inzwischen die Kartoffeln in Wasser etwa 15-20 Minuten köcheln. Dann abgießen, auf ein Schneidbrett legen. Wenn sie kühl sind, die Schale abziehen und - je nach Größe - dritteln oder vierteln.
4. Wenn der Oktopus gar ist, aus dem Kochwasser nehmen, auf ein Holzbrettchen legen, abtropfen und abkühlen lassen, mit einem scharfen Messer oder einer Schere in kleine Stücke teilen. Diese in eine Schale füllen.
5. Die Petersilie auszupfen, reinigen, trocknen und häckseln. Den Knoblauch schälen und in feinste Stücke schneiden.
6. Alle Zutaten (Oktopus, Kartoffeln, Petersilie und Knoblauch) vermengen. Mit Öl und frisch gepresstem Zitronensaft beträufeln. Salz und Pfeffer ergänzen das Gericht. Abschließend gut mischen und auftragen.

GEMÜSEGERICHTE ENTFALTEN AUF DEM TISCH ALLEIN SCHON DURCH IHRE FARBE EINE WIRKUNG. EINIGE IDEEN REICHEN, UM FRISCHE SALATE ZU KREIEREN UND VIELFÄLTIGE HÄPPCHEN AUSZUBACKEN. AUCH HIER WERDEN ZUM GEWÄHRLEISTEN DER GLUTENFREIHEIT KARTOFFELMEHL UND PANIERMEHL AUS REIS, MAIS ODER BUCHWEIZEN VERARBEITET.

Die Beilagen bestehen meist aus Gemüse, das je nach Jahreszeit roh mit Dressing beträufelt, gedämpft und mit Soße ergänzt, oder in Öl eingelegt wird. Es handelt sich also um ein sicheres Nahrungsmittel. Weil sein täglicher Verzehr uneingeschränkt möglich ist, findet sich etwas für jeden Geschmack.

Ausgeschlossen hingegen bleiben Beilagen aus Getreide wie Salate mit Gerste, Dinkel und Kamut sowie Cremes aus Hafer. (Auch wenn die meisten von Glutenintoleranz Betroffenen ihn vertragen, ist es besser, ihn wegzulassen). Roggen ist ebenfalls zu meiden. Was bleibt noch weiterhin erlaubt? Eine Ratatouille aus Auberginen, Tomaten, Sellerie und etwas angeschmortem Gemüse kann genossen werden. Dasselbe gilt für einen Teller knuspriger, im Ofen gebackener Paprika, wenn seine deliziöse Kruste aus zerbröseltem Hirsebrot hergestellt wird.
Ein entscheidender Schritt hin zu einer ausgewogenen und gesunden Ernährung ist, alles aus dem Küchenschrank zu entfernen, was nicht zuträglich ist. Allein das sollte aufbewahrt werden, was keine Anzeichen von

Unverträglichkeit hervorruft. Denn nur, wenn das Essen konsequent umgestellt wird, ist umfassendes Wohlbefinden wieder möglich. Aufgefüllt wird das Küchenfach mit den alternativ angebotenen Mehlsorten, mit denen der Kreativität kaum Grenzen gesetzt sind.

BEILAGEN

Diese Veränderung muss nicht bedeuten, dass es kein reizvolles oder gar exquisites Essen mehr geben darf. Man muss nur wissen, wie es zubereitet wird. Gemüse kann gegart und so belassen serviert werden. Oder man gibt je nach Geschmack eine appetitliche Béchamelsoße aus Maisstärke oder Kartoffelmehl dazu, etwa zu Blumenkohl oder Brokkoli. Um einzelne Gemüsesorten spezieller anzurichten, kann man einen besonderen, hellen und feinen Teig aus Kartoffel- oder Reismehl kneten. Mit einer eigens dafür nötigen Substanz vermischt, wird er zu einer passenden Decke. Sie harmoniert in Geschmack und Konsistenz mit dem Gemüse, Artischocken zum Beispiel. Das Endergebnis wird, möglicherweise im Gegensatz zu den Erwartungen vor dem Anfertigen, überraschend ausgewogen sein.

RATATOUILLE

Die Aubergine ist ein Nachtschattengewächs, als Gemüse besticht sie mit leicht würzigem Geschmack. Sie enthält vorrangig Wasser und Ballaststoffe. Da sie wenig Zucker aufweist, ist sie nährwertarm und für eine kalorienreduzierte Ernährung geeignet. Aubergine verfügt über die Vitamine A, C und Kalium; sie regt die Aktivität der Gallenblase und der Leber an. Sie hat reinigende, verdauungsfördernde und harntreibende Eigenschaften.

LEICHT

Zutaten für 4 Personen
Vorbereitung: **15 Minuten**
Backzeit: **20 Minuten**
Kalorien pro Portion: **etwa 120**

1 Aubergine
2 Tomaten
1 kleine, rote Paprika
4 Selleriestangen
1 weiße Zwiebel
20 schwarze Gaeta-Oliven
4 ungeschälte Knoblauchzehen
2 frische, rote Chilischoten
2 EL kalt gepresstes Olivenöl
2 Stängel Basilikum
Salz

1. Das gesamte Gemüse waschen und putzen, dann nach Wunsch in verschiedene Stücke schneiden.

2. In Öl in einer Antihaft-Pfanne mit passender Größe 5 Minuten bei mittlerer Temperatur erhitzen, salzen. Die Hitze auf ein Minimum reduzieren, die Oliven, den Knoblauch "im Hemd" (d.h. mit der vollständigen Schale) und den gerade in Scheibchen geschnittenen Chili dazugeben. Bedecken und dünsten.

3. Das Basilikum auszupfen, waschen und trocknen lassen.

4. Wenn das Gemüse gar ist (so es bissfest sein soll, reichen 10 Minuten), den Knoblauch entnehmen. Die Ratatouille auf einen Servierteller geben, mit dem Basilikum anrichten und auftragen. Je nach Jahreszeit kann sie heiß oder leicht abgekühlt aufgetragen werden.

GEMÜSE MIT SOJASPROSSEN

Sojasprossen sind gut verdaulich und im Vergleich zu Soja wasserhaltiger. Sie bieten auch mehr Vitamine und Mineralien, vor allem Zink. Sie tragen zum Regulieren von Cholesterin und Trigliceryden im Blut bei und schützen die Blutgefäße. Außerdem stärken sie Haare und Nägel, wirken gegen Stress und Depression. Ihre Phytoöstrogene sollen in der Menopause und bei Osteoporose helfen.

LEICHT

Zutaten für 4 Personen
Vorbereitung: **10 Minuten**
Backzeit: **5-10 Minuten**
Kalorien pro Portion: **etwa 150**

3 Karotten
1 gelber Paprika
2 Zucchini
2 Selleriestangen
200 g Sojasprossen
2 EL kalt gepresstes Olivenöl
1 TL Sojasauce Tamari
Salz
Pfeffer

1. Die Karotten reinigen und die Enden abtrennen, in Streifen und dann in Stücke schneiden. Die Zucchini waschen, von den Enden befreien, würfeln. Den Sellerie putzen, abspülen und in Scheibchen teilen. Den Paprika innen ausschaben und in mittelgroße Streifen zuschneiden. Die Sojasprossen wässern und einige Minuten in einem Sieb abtropfen lassen.

2. Das gesamte Gemüse in einer Antihaft-Pfanne mit zwei Esslöffeln Öl bei milder Hitze 5 Minuten dünsten, wenn es bissfest werden soll. Ansonsten die Zeit um 5 Minuten verlängern, bis es weich ist.

3. Kurz bevor es die gewünschte Konsistenz erreicht hat, mit Sojasprossen auffüllen und sie noch 1 Minute gar werden lassen. Nach Belieben pfeffern und salzen. Dabei aber daran denken, dass mit der sehr salzhaltigen Tamari-Soße abzuschmecken ist.

4. Vom Herd nehmen, das Gemüse auf einen großen Teller legen, mit der Tamari-Soße nachwürzen. Untermischen und auftischen.

CAESAR'S SALAD

Parmesan-Käse ist eine ausgezeichnete Energiequelle, weil er hochwertige und leicht verdauliche Eiweiße enthält. Calcium, Magnesium und Spuren anderer Mineralien machen ihn zu einem gesunden Nahrungsmittel. Obwohl er vom Tier stammt, sind etwa 40% seiner Fette ungesättigt.

LEICHT

Zutaten für 4 Personen
Vorbereitung: **10 Minuten**
Backzeit: **5 Minuten**
Kalorien pro Portion: **etwa 250**

1 Eisbergsalat
50 g Reisbrot
50 g Speck
30 g Parmesan-Käse
1 Knoblauchzehe
1 EL Mayonnaise
Salz
Pfeffer

1. Den Salat auszupfen, waschen und vorsichtig trocknen lassen. In Streifen schneiden, bis zur Weiterverarbeitung in ein feuchtes Küchentuch einschlagen.

2. Den Knoblauch schälen und in Stückchen schneiden, in eine Schale geben, die Mayonnaise hinzufügen und vermengen.

3. Das Brot in Würfel schneiden und 3-4 Minuten in einer Antihaft-Pfanne rösten, mehrmals wenden, damit es nicht anbrennt. Mit einem Kartoffelschäler Blättchen vom Parmesan-Käse abtrennen.

4. Den Speck in dünne Scheiben zerteilen und in einer Antihaft-Pfanne 2-3 Minuten bei großer Hitze anbraten, dabei oft mit einem Holzlöffel drehen. Dann abkühlen lassen und auf einen Teller geben.

5. Den Salat auf einen Teller legen, das Knoblauch-Dressing darüber träufeln, gut vermischen. Mit Salz und Pfeffer abschmecken und noch einmal alles vermengen. Zuletzt die Croûtons, die Käseblätter und die Speckscheiben oben auffügen. Auftragen.

EISBERGSALAT MIT DRESSING UND ZITRUSFRÜCHTEN

Es gibt sehr viele Salatsorten: Zu den bekanntesten gehören Kopfsalat, Eisbergsalat, Endiviensalat, Feldsalat, Rucola, Radicchio, Chicorée und Kresse. Trotz Kalorienarmut vermitteln alle ein Sättigungsgefühl. Sie zeichnen sich durch hohe Dosen an Vitamin A, C und E sowie antioxidante Mineralien aus. Salate helfen nicht nur gegen Krebs, Alterskrankheiten und Gefäßerkrankungen, sondern verbessern auch die Verdauung, die Harnausscheidung und die Darmentleerung.

LEICHT

Zutaten für 4 Personen
Vorbereitung: **20 Minuten**
Ruhen lassen: **10 Minuten**
Backzeit: **5 Minuten**
Kalorien pro Portion: **etwa 150**

1 Eisbergsalat
1 grüne Zitrone
2 Orangen
30 g Korinthen
50 g magerer Joghurt
80 g Buchweizenbrot
Salz
Pfeffer

1. Die Korinthen in einer Schale mit lauwarmem Wasser 10 Minuten einweichen, dann das Wasser abgießen. Den Salat auszupfen, waschen und trocknen, in vier Stücke schneiden. In ein feuchtes Küchentuch einschlagen und zunächst zur Seite legen. Den Herd auf 200° C vorheizen.

2. Eine Orange und die Zitrone abspülen, die Zitrone in Scheiben schneiden. Mit einem kleinen Messer die Orange schälen und die Schale bis zur Weiterverarbeitung zurücklegen.

3. Das Brot in Würfel schneiden und im Herd circa 5 Minuten toasten, dann herausnehmen und abkühlen lassen.

4. Die Korinthen, den Joghurt, die Zitronenscheiben und die geriebene Orangenschale in eine Schüssel geben und vermengen. Ein Drittel der Korinthen, ein paar Zitronenscheiben und etwas von der Schale zum Dekorieren aufheben. Die zweite Orange in Scheiben schneiden und die Tellerränder damit auslegen. In die Tellermitte pro Portion ein Viertel des Salats einfügen. Das Korinthen-Joghurt-Dressing auf den Salat geben.

5. Nun jeden Teller mit den restlichen Korinthen, Zitronenscheiben und Orangenschale verschönern, sodass der Salat auch optisch besticht. Nach Belieben können die Croûtons auf den Teller gelegt oder getrennt serviert werden.

KNUSPRIGE PAPRIKA

Paprika besteht aus ungewöhnlich viel Wasser (mehr als90 % seines Gewichts), circa 1-2 %Protein, 2-3 %Zucker und nur 0,2-0,4 %Fett. Ballaststoffe machen 2-3% aus, zu ihnen gehören Pektin und verschiedene Zellulosearten. Paprika bietet sich also für eine kalorienbewusste Ernährung an, zumal er reinigend und vorbeugend gegen Darmkrankheiten wirkt. Er hat einen hohen Gehalt an Vitamin A und C (mehr als Kohl und Spinat) - beides wesentliche Antioxidantien beim Vorbeugen gegen degenerative Erkrankungen.

LEICHT

Zutaten für 4 Personen
Vorbereitung: **5 Minuten**
Backzeit: **10-15 Minuten**
Kalorien pro Portion: **etwa 170**

300 g di Friariello-Paprika (klein, grün)
300 g runde Holland-Paprika
50 g Hirsebrot
2 EL kalt gepresstes Olivenöl
Salz
Pfeffer

1. Den Ofen auf 200° C vorheizen. Die Paprika waschen und trocknen, den Stiel daran und unzerteilt lassen. Das Brot zu grobem Mehl vermahlen.

2. Ein Backblech mit Ölpapier auslegen, Öl in die Handflächen geben und die Paprika damit einreiben. Auf das Blech setzen und mit dem Paniermehl bestreuen.

3. Etwa 10-15 Minuten im Herd backen. Kontrollieren, ob ihre Oberfläche faltig wird. Wenn ein charakteristischer, appetitlicher Duft zu spüren ist, sind sie fertig.

4. Herausnehmen und 2 Minuten abkühlen lassen, bevor sie auf einen großen Teller gelegt werden. Salz und Pfeffer verbessern das Gericht noch.

ZUCCHINI-TORTE

Sojasahne auf rein vegetarischer Basis ist gehaltvoll an Proteinen und essenziellen Aminosäuren. Daneben enthält sie Fette, Karbohydrate und Isoflavone, welche die Entstehung von Krebszellen hemmen. Eine Ernährung mit Soja hilft den Blutfettspiegel zu normalisieren, Wechseljahresbeschwerden und Knochenschwund zu lindern.

MITTELSCHWER

Zutaten für 4 Personen
Vorbereitung: **25 Minuten**
Ruhen lassen: **60 Minuten**
Backzeit: **30 Minuten**
Kalorien pro Portion: **etwa 310**

Für den Teig:
100 g Reismehl
50 g Maisstärke
50 g Maismehl
2 Eier
30 g Butter

Für die Füllung:
3 Zucchini
100 g Ricotta
1 Ei
30 g Parmesan-Käse
50 g Sojasahne
Salz
Pfeffer

1. Den Ofen auf 180° C vorheizen. Vier einzelne Suppenteller mit Ölpapier auslegen. Das Mehl auf ein hölzernes Nudelbrett geben und ein Ei in die Mitte schlagen. Die Butter unterheben und damit beginnen, die Zutaten zu vermengen. Dabei darauf achten, dass die Mehlsorten kaum kleben und die Masse deswegen bröckelig sein kann. Es empfiehlt sich, die Hände ab und zu mit Wasser anzufeuchten und geduldig zu kneten. Wenn ein glatter Teig vorhanden ist, mit Klarsichtfolie abdecken und mindestens eine Stunde ruhen lassen.

2. Inzwischen die Zucchini von den Enden befreien, waschen und in Scheiben schneiden. Ricotta, Sahne, Käse, Ei und Zucchini in ein Gefäß geben, mit Salz und Pfeffer abschmecken und mischen.

3. Eine Arbeitsfläche mit dem Reismehl bestreuen. Mit dem Nudelholz den Teig bis auf eine Dicke von 2 Millimetern ausrollen, dann in vier Stücke mit der Größe der tiefen Teller schneiden.

4. Die Stücke in die (Auflauf-)Formen einpassen und die Füllung darauf geben. Circa 30 Minuten im Ofen backen. Währenddessen kontrollieren, ob die Oberfläche fest wird und alles eine goldgelbe Färbung bekommt. Sollte es anbrennen, die Temperatur herunterdrehen. Die Törtchen aus dem Herd nehmen, aus der Form entfernen und leicht abkühlen lassen.

BLUMENKOHL UND BROKKOLI IN BÉCHAMELSOßE

Blumenkohl bietet die Vitamine A, B (einige), C, K, Antioxidantien, Aminosäuren und Folsäure. Er zeichnet sich durch eine Vielzahl Mineralsalze wie Phosphor, Calcium, Kalium, Kupfer und Zink aus. Blumenkohl hat entzündungshemmende, antibakterielle und mineralisierende Eigenschaften. Er regt die Schilddrüse an, normalisiert den Arteriendruck und den pH-Wert des Blutes.

MITTELSCHWER

Zutaten für 4 Personen
Vorbereitung: **20 Minuten**
Backzeit: **10 Minuten**
Kalorien pro Portion: **etwa 250**

300 g Brokkoli
300 g Blumenkohl
500 ml Milch
50 g Maisstärke
50 g Butter
20 g
50 g Paniermehl aus Hirse
1 EL kalt gepresstes Olivenöl
Salz
Pfeffer

1. Den Backofen auf 200° C vorheizen. Brokkoli und Blumenkohl putzen, waschen und trocknen. Einen Topf mit ausreichend Wasser und etwas Salz auf den Herd stellen, das Wasser zum Kochen bringen. Das Gemüse darin eine Minute garen, abgießen und in kaltem Wasser und Eis abkühlen lassen, damit die kräftigen Farben erhalten bleiben. Sobald es kühl ist, herausnehmen.

2. Milch, Maistärke und Butter in ein kleines Töpfchen geben, Salz und Pfeffer ebenso. Mit einem Schneebesen alles sorgsam verquirlen, dass sich keine Klümpchen bilden. Bei milder Hitze köcheln und dabei weiter rühren. Wenn die Mischung andickt, ergibt sich eine geschmeidige Soße. Sie kann von der Hitzequelle genommen werden.

3. Jetzt die Walnüsse grob hacken und zum Paniermehl geben.

4. Vier feuerfeste Formen einfetten und zuerst eine Schicht Soße einfüllen. Dann das Gemüse darüber legen und noch einmal Soße darüber gießen. Nun wird alles mit Paniermehl bestreut.

5. 10 Minuten backen und das Gemüse heiß auftischen.

AUBERGINEN MIT PFEFFERMINZE

Knoblauch kann den Blutdruck senken, den Blutfluss und den Cholesterinspiegel positiv beeinflussen. Er ist nützlich zur Prävention von Arterienverkalkung und bei der Keimtötung. Knoblauch hat einen hohen Gehalt an Ballaststoffen und Antioxidantien, die freie Radikale unschädlich machen und so Alterungsprozesse mindern. Er enthält verschiedene B-Vitamine und Vitamin C, die Mineralien Calcium, Eisen, Natrium, Magnesium, Kalium, Phosphor und Selen.

LEICHT

Zutaten für 4 Personen
Vorbereitung: **10 Minuten**
Backzeit: **4 Minuten**
Kalorien pro Portion: **etwa 300**

2 Auberginen
200 g Paniermehl aus Reis
2 Eier
200 ml Olivenöl
10 Stängel Pfefferminze
2 Knoblauchzehen
Salz

1. Die Pfefferminze abspülen und vorsichtig trocknen. Bis zum weiteren Gebrauch beiseite legen.

2. Die Auberginen schälen und quer in Stücke schneiden. Die erhaltenen Scheiben auf ein Küchenbrett legen, salzen und das Brettchen leicht kippen, damit die Flüssigkeit leichter auslaufen kann. Dann werden die Scheiben gewaschen und mit Küchenpapier das restliche Wasser abgetupft.

3. Die Eier aufschlagen und in einen tiefen Teller geben. Das Paniermehl auf einer glatten, breiten Arbeitsfläche ausbreiten. Mit dem Panieren beginnen: Jede Scheibe wird zuerst in das Ei getaucht, dann im Paniermehl gewendet, das gut an ihrer Oberfläche haften soll.

4. Das Öl in einer Antihaft-Pfanne stark erhitzen. Den Knoblauch zerdrücken und in das Öl legen, damit es sein Aroma bekommt. Nun die Scheiben hineinfüllen und 3-4 Minuten frittieren, regelmäßig mithilfe einer Küchenzange umdrehen.

5. Die frittierten Auberginenstücke einzeln auf das auf einem großen Teller ausgelegte Küchenpapier legen, sodass das überschüssige Öl aufgesogen wird. Abschließend auf einen Servierteller geben; die ansprechend beigefügten Pfefferminzblätter verbessern das Gericht noch. Umgehend auftragen und bei Tisch gegebenenfalls nachsalzen.

ARTISCHOCKEN IM TEIGMANTEL

Artischocken enthalten die leicht bittere Substanz Cynarin. Sie wirkt verdauungsanregend, wohltuend auf die Leber und harntreibend, geht aber beim Erhitzen teilweise verloren. Sie bergen Ballaststoffe, welche die Funktion des Darms unterstützen. Erwähnenswert sind auch ihr Kalium, Eisen und Inulin; im Artischockenherz wurden antioxidante Substanzen mit Anti-Tumorwirkung entdeckt.

LEICHT

Zutaten für 4 Personen
Vorbereitung: **10 Minuten**
Backzeit: **6-10 Minuten**
Kalorien pro Portion: **etwa 200**

4 Artischocken
30 g Reismehl
30 g Maisstärke
1 Glas Wasser mit Kohlensäure
200 ml Erdnussöl
Salz

1. Die Artischocken waschen, von den Stacheln und den harten äußeren Blättern befreien, nur den zarten Mittelteil mit etwa 2 Zentimetern Stängel benutzen. (Erst kurz vor dem Zubereiten zuschneiden, weil sie in Kontakt mit Sauerstoff oxidieren, also schnell dunkel werden.) Die verbliebenen Stücke in einen Topf mit ausreichend kaltem Wasser geben.

2. Das Mehl und das Wasser in eine Schüssel füllen und mit einem Schneebesen verquirlen, bis ein flüssiger Teig entsteht. Die Artischockenherzen in Scheiben schneiden, dann in die Schüssel mit dem Teig schütten und mischen.

3. Öl in einer Antihaft-Pfanne erhitzen, bis es heiß genug zum Frittieren ist (circa 170° C), die Artischockenstücke einfüllen und 3 Minuten ausbraten. Mehrmals wenden, damit sie gleichmäßig anbräunen. Mit einem Schaumlöffel herausholen, einen Teller mit Ölpapier auslegen und darauf geben. Jedes Stück einzeln so entnehmen.

4. Der übrig gebliebene Teig kann bei Belieben ebenfalls löffelweise ins Öl geschüttet und frittiert werden. Danach die Brathappen zu den Artischockenstücken geben.

5. Alles auf einen großen Teller anrichten, salzen und sofort verzehren.

GEBACKENER SELLERIE

Sellerie verfügt über viel Vitamin A, C und insbesondere K, das wichtig für die Blutgerinnung ist. Er weist Kalium, Kalzium, Phosphor, Magnesium und Selen auf. Das Gemüse hat einen entschlackenden und harntreibenden Effekt. Aufgrund der darin enthaltenen Asparaginsäure ist es ein natürlich anregendes Mittel. Nicht zuletzt deswegen wurde es lange Zeit als Aphrodisiakum eingesetzt.

MITTELSCHWER

Zutaten für 4 Personen
Vorbereitung: **10 Minuten**
Backzeit: **35 Minuten**
Kalorien pro Portion: **etwa 270**

4 grüne Selleriestangen
500 ml Milch
50 g Maisstärke
50 g Butter
100 g Paniermehl aus Mais
1 Esslöffel kalt gepresstes Olivenöl
Salz
Pfeffer

1. Den Backofen auf 200° C vorheizen. Den Sellerie reinigen, waschen, in einem Topf mit ausreichend gesalzenem Wasser 5 Minuten kochen, dann abgießen.

2. In einem kleinen Topf Milch, Maisstärke und Butter vermengen, nach Belieben salzen. Gut mischen, sodass sich keine Klumpen bilden. Die Flüssigkeit bei milder Hitze eindicken und dabei ständig mit einem Holzlöffel umrühren, damit sie nicht am Topf anklebt. Wenn sie sämig geworden ist, vom Herd nehmen.

3. Eine feuerfeste Form einfetten und die Selleriestangen ungeteilt einlegen. Die Béchamelsoße darüber gießen und die Oberfläche mit Paniermehl bestreuen.

4. 20 Minuten backen. Nach Ablauf der Zeit den Sellerie aus dem Ofen nehmen und leicht abkühlen lassen, nun servieren.

KÖSTLICHE DESSERTS KÖNNEN DURCHAUS OHNE DAS NORMALERWEISE GENUTZTE MEHL ENTSTEHEN. BESONDERS DIE SUCHE NACH WENIGER BEKANNTEN SÜßSPEISEN FÜHRT ZUR ENTDECKUNG SOLCHER, DIE GESUND SIND, VORZÜGLICH SCHMECKEN UND AUCH SONST ÜBERRASCHEN.

Gelingen Kekse und Kuchen ohne Getreidemehl? Um neue Zusammenstellungen von Zutaten zu erproben ist es oft nötig, sich in einer Situation zu befinden, in der es keine andere Möglichkeit gibt und dazu gezwungen zu sein. Wenn das eigene Kind glutenallergisch ist, müssen Lösungen erdacht werden, um Pudding, Kaltschalen, Muffins und Törtchen ohne schädigende Inhaltsstoffe anbieten zu können.

Das ist nicht so schwierig, wie angenommen wird. Haselnüsse können sehr klein, fast zu Pulver gehackt, ein passender Ersatz für Mehl sein. Sie schmecken intensiv, haben Nährstoffe, Vitamine und Mineralsalze. Dasselbe gilt für Mandeln, Walnüsse, Erd- und alle anderen Nüsse. Bei Schokolade denkt man zuerst an solche in kleineren und größeren Tafeln, aber als Pulver ist sie eine mögliche Zutat. In Milch eingerührt, eignet sie sich für einen ansprechenden Pudding. Mit Eiern, Butter und Zucker dient sie für Teegebäck oder Cremetorten, für die meist kein Treibmittel nötig ist. Buchweizenmehl mit seinem ausgeprägten Geschmack und seiner dunkleren Farbe bietet sich an. Es ist gehaltvoll und hilfreich beim Zubereiten von Gebäck, da seine Säuren kleben und andere Inhaltsstoffe leicht verbinden. Mehl aus Johannisbrot tendiert geschmacklich ins Süße, ohne die anregenden Eigenschaften von Kakao zu haben. Aus diesem Grund wird es für

Kinder und Ältere empfohlen, und – da es kein Klebereiweiß hat – bei glutenfreier Kost. Kastanienmehl kann zusammen mit anderen Zutaten Erstaunliches ergeben. Plätzchen, flache Kuchen und sogar Torten lassen sich aus ihm herstellen. Wie gezeigt, finden sich viele Varianten zum Anrichten eines Nachtischs.

Auch Maismehl ist eine geeignete Grundlage, vor allem für Kreationen wie

DESSERTS

Kleingebäck für Frühstück und zum Kaffee. Hirse, die in der westlichen Küche kaum bekannt ist, enthält mehr Proteine und Ballaststoffe als das übliche Getreide und Reis. Sie hat eine milde Würze, die durch das Beimengen von Honig statt Zucker noch hervortritt. Pinienkerne (zum Beispiel) passen hervorragend dazu. Das Resultat werden in jedem Fall ausgewogene und leckere Süßigkeiten sein, ideal für eine erholsame Pause.

Beim Backen von Torcetti bleiben Zucker und Butter erhalten; Mehl aus Zerealien wird durch Maisstärke und Maismehl ersetzt. Muffins gelingen mit einem Mix aus Maisstärke und Kartoffelmehl. Wenn für Pfannkuchen ebenso Kartoffelmehl benutzt wird, ist der Teig angenehm glatt und flüssig. Fertig gebacken sind sie leicht und geeignet dafür, mit dazu gereichtem Akazienhonig oder Ahornsirup gekostet zu werden.

VANILLECREME MIT MAISPLÄTZCHEN

Die Vanilleschote ist die längliche Frucht der gleichnamigen Pflanze. In ihr befindet sich öliges Fruchtfleisch mit kleinen Kernen. Wegen des intensiven Geschmacks wird Vanille zum Aromatisieren von Süßspeisen eingesetzt. Ihr Aroma bleibt auch nach dem Trocknen und Fermentieren lange erhalten. Sie hat viel Zucker, Fett (circa 15%), unlösliche Ballaststoffe und diverse Mineralsalze.

LEICHT

Zutaten für 4 Personen
Vorbereitung: **10 Minuten**
Backzeit: **8 Minuten**
Kalorien pro Portion: **etwa 180**

8 Plätzchen aus Maismehl
1 EL Kartoffelmehl
2 Eigelb
70 g Rohrzucker
400 ml Milch
2 Vanilleschoten

1. In einem kleinen Topf die Milch mit den zerteilten Vanilleschoten zum Kochen bringen, 5 Minuten köcheln lassen, dann mit einem Sieb abseihen.

2. In einer Schüssel mit dem Mixer Eigelb und Zucker verquirlen, bis eine homogene und schaumige Masse entsteht.

3. Zum Ei die Milch und das Kartoffelmehl hinzugeben, alles mischen. Die Masse in einen kleinen Topf füllen und bei sanfter Hitze andicken, dabei oft umrühren.

4. Sobald die Masse zu kochen beginnt und aufgeht, den Topf vom Herd nehmen und die Masse auch beim Abkühlen weiter rühren.

5. Die Creme in vier Schüsselchen geben und mit je zwei Plätzchen dekorieren, bevor sie auf den Tisch kommt. Sie kann lauwarm und kalt serviert werden.

TORCETTI AUS KARTOFFELN UND KASTANIEN

Rohrzucker ist leichter verdaulich als weißer Zucker, er ist reich an Proteinen, Ballaststoffen, Mineralien und Vitaminen. Er enthält keine Fette und bietet sich für eine rasche Glucose-Aufnahme an. Das macht ihn allgemein zum Süßen geeignet; auch wenn aus Rücksicht auf die Bauchspeicheldrüse nicht damit übertrieben werden sollte.

SCHWIERIG

Zutaten für 4 Personen
Vorbereitung: **20 Minuten**
Backzeit: **10-15 Minuten**
Kalorien pro Portion: **etwa 450**

50 g Kartoffelmehl
50 g Kastanienmehl
100 g Reismehl
2 Eier
30 g Butter
20 g Milch
50 g Rohrzucker

1. Den Ofen auf 200° C vorheizen und ein Backblech mit Ölpapier auslegen. Die Butter im Wasserbad flüssig werden lassen. Das Mehl, die Milch, die Eier und die Hälfte des Zuckers in eine Schüssel geben und mindestens 10 Minuten kneten, bis eine weiche und leicht verformbare Masse entstanden ist.

2. Immer wieder etwas Teig entnehmen und auf eine Dicke von circa 1 Zentimeter und die Länge von 10 Zentimetern bringen; er kann dazu zwischen den Händen oder auf einer mit Mehl bestreuten, kühlen Arbeitsfläche (zum Beispiel einer aus Marmor oder einem großen Teller) gerollt werden.

3. Die beiden Enden der Teigrollen zusammenkleben (und diese in eine Tropfen- oder Hufeisenform biegen), damit sie das für den Torcetto-Gebäckring typische Aussehen bekommen.

4. Die Teigringe mit dem verbliebenen Zucker bestreuen, auf dem mit Ölpapier ausgelegten Blech verteilen und etwa 10-15 Minuten in die Röhre schieben.

5. Sobald sie fertig sind, aus dem Herd nehmen und leicht abkühlen lassen, in eine Keksdose füllen oder auf den Tisch bringen.

MUFFINS MIT BLAUBEEREN

Blaubeeren sind als Waldfrüchte bekannt. Sie enthalten Antioxidantien, die das Auge schützen, und Hydroxycarbonsäuren, welche im Verdauungsbereich krebserregende Stoffe neutralisieren. Schließlich wirken sie präventiv gegen Schwäche der Kapillaren und andere Gefäßerkrankungen.

MITTELSCHWER

Zutaten für 4 Personen
Vorbereitung: **20 Minuten**
Backzeit: **20 Minuten**
Kalorien pro Portion: **etwa 280**

100 g Maismehl
50 g Maisstärke
50 g Kartoffelmehl
50 ml Milch
1 Ei
80 g Rohrzucker
2 EL magerer Joghurt
1 TL Bikarbonat
200 g Blaubeeren
4 Backförmchen aus Papier

1. Den Ofen auf 180° C vorheizen. Das gesamte Mehl und die Milch in einer Schüssel mischen.
2. In einem Gefäß das Ei und den Zucker mit dem Mixer schaumig rühren, dann zum Mehl geben und vermengen.
3. Den Joghurt und das Bikarbonat in eine Schüssel geben. Sobald der Joghurt aufzugehen beginnt, zur Mehlmischung schütten, die leicht zerdrückten Blaubeeren ebenfalls hinzufügen. Alles gut durchkneten.
4. Den Teig sofort in die Papierförmchen füllen. Damit sie beim Backen nicht umkippen, in einen Metallhalter setzen. Für circa 20 Minuten in den Herd schieben.
5. Wenn die Zeit abgelaufen ist, aus dem Backofen nehmen, abkühlen lassen. Die Muffins aus dem Metallhalter nehmen, in der Papierhülle lassen. Lauwarm schmecken sie wunderbar, kalt aber auch.

KRUMIRI-KEKSE MIT SCHOKOLADE UND KAFFEE

Kaffee ist nach Tee das verbreitetste Getränk auf der Welt. Neben seinen Flavonoiden sind vorrangig die anregenden Substanzen zu nennen: Die wichtigste ist das Koffein. Kaffee unterstützt die Verdauung, ist jedoch bei Magenproblemen zu vermeiden. Er kann gegen Kopfschmerzen helfen, aber ebenso Schlaflosigkeit und Angstgefühle hervorrufen.

SCHWIERIG

Zutaten für 4 Personen
Vorbereitung: **90 Minuten**
Ruhen lassen: **70 Minuten**
Backzeit: **20 Minuten**
Kalorien pro Portion: **etwa 520**

100 g Maisstärke
100 g Kartoffelmehl
100 g Rohrzucker
80 g Butter
1 Ei
2 Eigelb
1/2 Vanilleschote
150 g Bitterschokolade
1 Tässchen Espresso

1. Den Herd auf 220° C vorheizen und ein Backblech mit Ölpapier auslegen.

2. Die Butter im Wasserbad weich werden lassen, die Hälfte der Vanille dazugeben. 10 Minuten ziehen lassen, sodass die Butter den Vanillegeschmack aufnimmt. Dann das Schotenstück herausnehmen und den Zucker hineinschütten. Solange mischen, bis eine weiche Creme entsteht. Das Ei und das Eigelb unterheben und alles mit einem Mixer verquirlen.

3. Das gesamte Mehl und die Vanillecreme in eine Schüssel geben, vorsichtig mischen, bis eine homogene und glatte Masse vorhanden ist. Den Teig circa 1 Stunde im Kühlschrank bedeckt ruhen lassen.

4. Nach Ablauf der Zeit den Teig in einen Spritzbeutel mit rechteckiger und gezackter Spitze füllen. Den Spritzbeutel drücken und so Teig in der typischen, gebogen Krumiro-Form auf das Backpapier geben. Das Blech in den Herd schieben und die Kekse 10 Minuten backen. Dann die Temperatur auf 180° C reduzieren und noch 10 Minuten weiterbacken. Herausnehmen und abkühlen lassen.

5. Inzwischen die Schokolade im Wasserbad zergehen lassen und den Kaffee dazufüllen. Sorgsam beides vermischen, bis eine sahnige Masse entsteht. Eine Seite der Krumiri eintauchen, die Kekse auf ein Blatt Ölpapier legen und im Kühlschrank abkühlen lassen.

CAFE

PFANNKUCHEN MIT HONIG

Akazienhonig führt dem Körper sofort nach dem Verzehr Energie zu, da er keinen aufwendigen Verdauungsvorgang benötigt. Einer seiner Hauptbestandteile ist Fructose, weitere sind Mineralsalze, Enzyme und Spurenelemente. Er schützt den Magen vor dem Keim Helicobacter pylori.

LEICHT

Zutaten für 4 Personen
Vorbereitung: **15 Minuten**
Backzeit: **5 Minuten**
Kalorien pro Portion: **etwa 200**

400 ml Milch
100 g Kartoffelmehl
1 Tütchen Trockenhefe
2 Eier
40 g Akazienhonig
2 EL Olivenöl

1. Die Milch, die Stärke, die Eier und die Hefe in ein Gefäß füllen. Mit einem Schneebesen verquirlen, bis eine flüssige Masse ohne Klümpchen entstanden ist.

2. Mithilfe von Küchenpapier eine Antihaft-Pfanne innen mit Öl ausstreichen, die Pfanne erhitzen. Mit einer Schöpfkelle genügend vom flüssigen Teig hineingeben und einige Minuten anbraten.

3. Wenn der Pfannkuchen sich unten leicht von der Pfanne löst, ist er fast fertig. Mit einem Pfannenwender umdrehen und die andere Seite anbraten. So fortfahren, bis der Teig aufgebraucht ist.

4. Die heißen Pfannkuchen auf einen Servierteller häufen. Den Honig darüber geben: Er ergänzt das Gericht.

BISCOTTINI MIT MANDELN UND MANDELMILCH

Die Steinfrüchte des Mandelbaums, die Mandeln, bestehen zu einem großen Teil aus Ballaststoffen. Sie sind ein optimaler Lieferant von Vitamin E und Magnesium. Andere in ihnen vorhandene Mineralien sind Kalium, Phosphor, Zink, Eisen - Bestandteile, die bei geistiger und kreativer Arbeit nötig sind.

LEICHT

Zutaten für 4 Personen
Vorbereitung: **20 Minuten**
Backzeit: **20 Minuten**
Kalorien pro Portion: **etwa 680**

400 g Rohmarzipan
30 g Mandeln
1 Eigelb
50 g Puderzucker

1. Den Herd auf 220° C vorheizen und ein Backblech mit Ölpapier auslegen.

2. Mit den Händen den Rohmarzipan kneten, bis er weich und geschmeidig ist, dann kleine Kugeln daraus formen und auf das Backblech geben (vier Stück für das Getränk zur Seite legen).

3. Die Bällchen etwas eindrücken, sodass sie eine leicht abgeflachte Form bekommen. In die Mitte jeweils eine Mandel stecken.

4. In einer Schüssel das Eigelb leicht schlagen, mithilfe eines Backpinsels die Bällchen damit bestreichen. 20 Minuten in den Ofen geben; die Backzeit verkürzen, wenn ihr Inneres weich bleiben soll. Es kann auch solange gewartet werden, bis sie fast knusprig sind. Wenn sie wie gewünscht sind, herausnehmen und bei Zimmertemperatur abkühlen lassen. Dann mit dem Puderzucker bestreuen.

5. Kurz vor dem Servieren den verbliebenen Marzipan in vier Gläsern Wasser mit einem kleinen Schneebesen verquirlen und auflösen. Wenn die Flüssigkeit weiß und ohne Verdickungen ist, ist auch das Getränk fertig.

BUCHWEIZEN-TORTE AUS REIS, MAIS UND ANANAS

Die aus Südamerika stammende Ananas hat einen hohen Wassergehalt (90%). Die Vitamine A, C und verschiedene Vitamine B, Aminosäuren und Mineralsalze wie Mangan, Kalium sowie Phosphor machen sie zu einem gesunden Nahrungsmittel. Aufgrund entzündungshemmender Wirkstoffe wie Bromelain gilt sie als natürliches Prophylaktikum gegen Arterienverkalkung. Ananas hat eine wohltuende Wirkung auf die Haut.

MITTELSCHWER

Zutaten für 4 Personen
Vorbereitung: **20 Minuten**
Backzeit: **30 Minuten**
Kalorien pro Portion: **etwa 300**

50 g Buchweizen
50 g Maismehl
50 g Reismehl
50 g Maisstärke
50 ml magerer Joghurt
1 TL Bikarbonat
2 Eier
50 g Rohrzucker
100 ml Ananassaft
300 g Ananas

1. Den Ofen auf 180° C vorheizen. Das gesamte Mehl in eine Schüssel geben. Die Ananas in dünne Scheiben schneiden und zunächst zurückstellen.

2. Die Eier mit dem Mixer schaumig rühren. Wenn die Masse cremig wird, unter das Mehl ziehen.

3. Alles mindestens 10 Minuten kneten, hin und wieder Ananassaft dazugeben, der den Teig weicher und formbarer macht.

4. Nun den Joghurt und das Bikarbonat in eine Schüssel füllen, mischen. Sobald die Masse aufzugehen beginnt, mit den anderen Zutaten vermengen.

5. Den Teig sofort in eine passend große, mit Ölpapier ausgelegte Kastenform füllen. Die Oberfläche glatt streichen und die Ananasstücke auflegen.

6. 30 Minuten lang backen, wobei die Dauer je nach der gewünschten Kruste verkürzt oder verlängert werden kann. Die Torte aus dem Ofen nehmen, und bei Zimmertemperatur abkühlen lassen. Dann vorsichtig aus der Form lösen, auf einen flachen Teller legen und servieren.

HASELNUSS-TÖRTCHEN

Da sie Wasser enthält, ist Butter weniger kalorienreich als pflanzliches Öl, sei es Oliven- oder Sonnenblumenöl. Als ein tierisches Fett hat sie einen hohen Gehalt an Cholesterin und gesättigten Fetten. Hinzu kommen Mineralsalze und Vitamin A. Beim Kauf sollte Alpbutter der industriell hergestellten vorgezogen werden.

MITTELSCHWER

Zutaten für 4 Personen
Vorbereitung: **20 Minuten**
Backzeit: **35 Minuten**
Kalorien pro Portion: **etwa 570**

150 g geröstete Haselnüsse ohne Schale
50 g Kartoffelmehl
100 g Rohrzucker
30 g Alpbutter
3 Eier
1 Zitrone
1 Tütchen Trockenhefe
20 g Haselnussöl
100 ml Milch

1. Den Backofen auf 200° C vorheizen. Die Schale der Zitrone reiben und die Butter bei Zimmertemperatur in einer Schüssel weich werden lassen.

2. Mit dem Mixer die Haselnüsse zu einem sehr feinen, fast puderartigen Mehl zerkleinern. Außerdem 6-7 Haselnüsse zu einem sehr groben Mehl zum Garnieren verarbeiten.

3. Die Eier in eine Schüssel schlagen, den Rohrzucker, die Zitronenschale, das feine Nussmehl, das Kartoffelmehl und die Hefe dazugeben. Mit der Butter, dem Nussöl und der Milch auffüllen. Alle Zutaten solange vermengen, bis ein homogener und nicht zu fester Teig ohne Klümpchen entstanden ist.

4. Den Teig in eine ausreichend große, mit Ölpapier ausgelegte Tortenform umfüllen, sorgsam mit einem Holzlöffel glatt streichen und das grobe Nussmehl darüber streuen.

5. Circa 35 Minuten im Herd backen, danach herausnehmen und abkühlen lassen. Aus der Form entfernen, auf einer Kuchenplatte anbieten.

HIRSETORTE
MIT PINIENKERNEN

Pinienkerne verfügen über 50% vorrangig ungesättigter Fette, die den Blutkreislauf unterstützen. Unter den in ihnen enthaltenen, für eine ausgewogene Ernährung wichtigen Elementen, sind außerdem die Vitamine A, B und E sowie viele grundlegende Aminosäuren zu nennen. Mineralstoffe wie Phosphor, Kupfer, Selen und Eisen kommen noch dazu.

MITTELSCHWER

Zutaten für 4 Personen
Vorbereitung: **20 Minuten**
Backzeit: **30 Minuten**
Kalorien pro Portion: **etwa 480**

150 g Hirsemehl
50 g Kartoffelmehl
1 Tütchen Trockenhefe
2 Eier
50 g Alpbutter
50 g Blütenhonig
30 g Pinienkerne

1. Den Herd auf 180° C vorheizen und eine feuerfeste Form mit Ölpapier auslegen. Damit das besser gelingt, wird das Papier mit kaltem Wasser befeuchtet, ausgewrungen und dann in das Gefäß eingepasst.

2. Die Butter bei Zimmertemperatur weich werden lassen.

3. Die verschiedenen Mehlsorten in eine Schüssel füllen, die Hefe, die Eier und die weiche Butter dazugeben. Den Honig ebenfalls, alles sorgsam mischen, sodass sich alle Zutaten miteinander verbinden.

4. Den Teig in die Backform füllen, glatt streichen und die Oberfläche mit Pinienkernen bestreuen.

5. Dann für 30 Minuten in die Röhre geben; kontrollieren, ohne die Herdtür zu öffnen. Nach dem Backen herausholen und abkühlen lassen. Der Kuchen kann nun angerichtet und schon serviert werden.

MÜRBETEIGTÖRTCHEN MIT KONFITÜRE

Pflaumen weisen eine hohe Konzentration an Mineralien wie Eisen, Phosphor, Calcium und Kalium auf. Zudem verfügen sie über die Vitamine C, B, K, Antioxidantien und kräftigende Stoffe wie Quercetin. Wegen ihres Diphenyl-Isatins können sie abführend wirken.

MITTELSCHWER

Zutaten für 4 Personen
Vorbereitung: **90 Minuten**
Ruhen lassen: **30 Minuten**
Backzeit: **25 Minuten**
Kalorien pro Portion: **etwa 450**

Für den Teig:
100 g Reismehl
100 g Maisstärke
50 g Rohrzucker
50 g Butter
2 Eier
Ölspray für die Backformen

Für die Konfitüre:
500 g Pflaumen
50 g Fruchtzucker

1. Die Pflaumen waschen, in der Mitte öffnen und entkernen. Zusammen mit dem Fruchtzucker in einen Topf geben und bei niedriger Temperatur circa 1 Stunde köcheln. Dabei regelmäßig umrühren und absichern, dass die Masse nicht anklebt. Vom Herd nehmen und abkühlen lassen. Den Ofen auf 180° C vorheizen und die Förmchen mit dem Ölspray einfetten.

2. Den Mürbeteig vorbereiten: dazu das gesamte Mehl in eine Schüssel füllen, den Zucker, die Eier und die in kleine Stücke geteilte Butter ebenfalls. Die Zutaten solange kneten, bis ein homogener, glatter Teig vorhanden ist. In Klarsichtfolie einschlagen und 30 Minuten ruhen lassen.

3. Nach Ablauf der Zeit den Teig auf einem mit Mehl bestäubten Backbrett mit einem Nudelholz auf eine Stärke von circa 2 Millimetern ausrollen. Dann in vier Stücke von der Größe der genutzten Backformen schneiden.

4. Den Teig in die Backformen legen und an den Rändern leicht andrücken. Die Konfitüre gleichmäßig auf der ganzen Oberfläche verteilen. Mit einem Teigrädchen aus dem verbliebenen Teig breitere Streifen schneiden, auf ihnen Striche und andere Muster eindrücken, dann auf die Konfitüre legen. Etwa 25 Minuten backen.

5. Wenn ein einladender Duft die Küche durchzieht, sind die Törtchen fertig. Sie werden nun aus dem Ofen genommen, nach dem Abkühlen aus den Formen geholt und auf den Tisch gebracht.

APFEL IM TEIGMANTEL

Vom roten Apfel gibt es ungezählte Sorten. Er enthält die Vitamine A, B und C. Der Apfel gehört zu dem wenigen Obst, das nicht im Darm gärt. Da er die Aufnahme von Zucker reduzieren kann und kalorienarm ist, ist er für die Ernährung bei Diabetes besonders interessant. Roh wirkt er adstringierend und bei Durchfall, gekocht gegen Verstopfung. Nicht zuletzt hilft er präventiv gegen Atem- und Herz-Kreislauf-Beschwerden sowie Tumorbildung.

SCHWIERIG

Zutaten für 4 Personen
Vorbereitung: **20 Minuten**
Ruhen lassen: **30 Minuten**
Backzeit: **20 Minuten**
Kalorien pro Portion: **etwa 430**

150 g Reismehl
150 g Maisstärke
50 g Rohrzucker
50 g Butter
2 Eier
1 Eigelb
4 rote Äpfel

1. Den Ofen auf 180° C vorheizen und ein Backblech mit Ölpapier belegen. Die Butter im Wasserbad schmelzen.

2. Die Äpfel waschen, feucht lassen und jeden mit einem Teelöffel Zucker bestreuen. Das Eigelb in eine Schale geben.

3. Das gesamte Mehl in eine Terrine füllen und Zucker, Butter und Eier untermengen. Die Zutaten vermischen und gut durchkneten, dass sie sich verbinden und nicht voneinander lösen. Wenn ein homogener Teig daraus geworden ist, diesen in Klarsichtfolie einschlagen und im Kühlschrank wenigstens 1 Stunde ruhen lassen.

4. Sobald die Zeit um ist, den Teig auf ein bemehltes Backbrett legen und mit dem Nudelholz ausrollen. Vier Stücke aus dem Teig schneiden, die so groß sein sollten, dass sie jeweils einen Apfel umhüllen können.

5. Jeden Apfel vollständig mit einem Mürbeteigblatt einschließen. Mit den Händen dabei den Teig an seine Oberfläche andrücken. Wenn das Obst ringsum von Teig umgeben ist, auf das Backblech legen und mit einem Küchenpinsel das Eigelb darüber streichen.

6. Die Äpfel in den Herd geben und circa 20 Minuten backen. Herausnehmen und abkühlen lassen. Am besten heiß oder lauwarm servieren: Beim Anschneiden wird ihr Aroma dann besonders zu genießen sein.

KASTANIEN MIT ROSENHONIG

Rosensirup ist eine exzellente Zutat, die ihren zarten Geschmack auch in Speisen beibehält. Bekannt sind seine entzündungshemmenden und schmerzlindernden Eigenschaften. Er kann in kaltem Wasser verdünnt und gegen Durst verwendet werden. In warmem Wasser gelöst ist er ein gutes Hausmittel gegen Husten.

LEICHT

Zutaten für 4 Personen
Vorbereitung: **20 Minuten**
Ruhen lassen: **60 Minuten**
Backzeit: **15 Minuten**
Kalorien pro Portion: **etwa 230**

500 g Kastanien
100 g Akazienhonig
3 EL Rosensirup

1. Die braune, feste Schale von den Kastanien lösen und das Innere in einem Topf mit Wasser und zwei Esslöffeln Rosensirup kochen. (Dafür sind etwa 15 Minuten nötig.)

2. Die Kastanien abgießen und etwas abkühlen lassen. Wenn sie lauwarm sind, auch die Hülle (die sie einschließende, bittere Haut) entfernen. Nun werden sie in ein Gefäß gefüllt.

3. Den Rest des Rosensirups und den Honig über die Kastanien geben. Etwa eine Stunde durchziehen lassen.

4. Vor dem Essen die Kastanien auf einzelne Teller verteilen. Kastanien mit Honig sind nicht nur gesund, leicht zuzubereiten und ein gelungener Abschluss der Mahlzeit, sondern können auch zu Aufschnitt und Käse gereicht werden.

KASTANIENKUCHEN

Kastanien sind die Früchte des gleichnamigen Baumes, der zur Gattung der Buchengewächse gehört. Wasser macht 50% ihres Gewichts aus, sie bieten die Vitamine A, B (verschiedene), C und D. Verzehrt haben sie einen reinigenden und - dank des hohen Zuckeranteils - kräftigenden Effekt. Das aus ihnen hergestellte Kastanienmehl ist frei von Kleber.

LEICHT

Zutaten für 4 Personen
Vorbereitung: **10 Minuten**
Backzeit: **30 Minuten**
Kalorien pro Portion: **etwa 380**

500 g Kastanienmehl
30 g Walnusskerne
20 g Pinienkerne
50 g Korinthen
700 ml Wasser
2 EL kalt gepresstes Olivenöl
2 kleine Rosmarinzweige
Salz

1. Den Ofen auf 200° C vorheizen. Die Korinthen in einer Schüssel mit lauwarmem Wasser einweichen, dann das Wasser vollständig abgießen. Mit dem Mixer Walnüsse und Pinienkerne zu einem groben Mehl verarbeiten. Den Rosmarin abspülen und abtropfen lassen.

2. Das Mehl in eine Schüssel sieben, etwas Salz dazugeben und nach und nach das Wasser dazuschütten. Dabei ständig mit einem Schneebesen rühren, bis ein weicher und homogener Teig vorhanden ist. Das Nussmehl und die Korinthen daruntermengen, mischen.

3. Küchenpapier mit Öl befeuchten und eine Backform mit niedrigem Rand damit einreiben, den Teig einfüllen. Den Rosmarin aufstreuen und einen dünnen Faden Öl darüber träufeln.

4. Die Form mit dem Teig in den Herd schieben und circa 30 Minuten backen. Nun wird kontrolliert, ob die Kruste die richtige Festigkeit hat (sie sollte in Spalten aufgerissen sein). Wenn der Castagnaccio fertig ist, herausnehmen und abkühlen lassen.

5. Statt in Stücke kann er in Würfel geschnitten und auf einer Kuchenplatte oder in einer größeren Zuckerdose mit Deckel, in der die cremige Weiche nicht verloren geht, serviert werden.

SCHOKOLADENROLLE

Bitterschokolade enthält Koffein und Theobromin. Hierbei handelt es sich um Substanzen, die anregend auf das Nervensystem wirken. Ihr Serotonin unterstützt die Ausschüttung von Endorphinen (die das Gefühl von Wohlbefinden vermitteln) und wirkt gegen Niedergeschlagenheit. Auch ihr Tyramin hilft gegen Depression. Hinzuweisen ist ebenfalls auf antioxidante Flavonoide wie Epicatechin, das ein effizienter Schutz gegen Gefäßkrankheiten und Alterungsprozesse ist.

LEICHT

Zutaten für 4 Personen
Vorbereitung: **30 Minuten**
Ruhen lassen: **3 Stunden**
Kalorien pro Portion: **etwa 420**

200 g Bitterschokolade
200 g Maiskekse
50 g Rohrzucker
50 g Butter
4 EL Rum
3 Eier

1. Die Butter bei Zimmertemperatur weich werden lassen und die Kekse in ein Gefäß bröseln.

2. Die Schokolade im Wasserbad schmelzen und dabei mit einem Holzlöffel umrühren, bis sie zu einer cremigen Masse geworden ist. Von der Flamme nehmen und dick werden lassen, aber nicht hart.

3. Die inzwischen weiche Butter mit dem Zucker, den Eiern, der Schokolade, den Keksen und dem Rum in eine Schüssel geben. Alle Zutaten mischen, bis sie eine homogene Masse bilden.

4. Die Masse auf ein Stück Ölpapier geben und darin einrollen, sodass eine Rolle entsteht. Den Teig durch das Ölpapier so kneten und drücken, als wäre er aus Plastilin. Wenn die Form das gewünschte Aussehen hat, die Rolle im Kühlschrank etwa 3 Stunden ruhen lassen, damit sie sich verfestigt.

5. Nach Ablauf der Zeit ist die Süßigkeit fest und kann in Scheiben geschnitten gereicht werden. Sie sollte vor Wärme geschützt werden, da sie sonst ihre Form verliert oder sich sogar auflöst.

ZWEIFARBIGE KALTSCHALE MIT JOHANNISBROT

Der Johannisbrotbaum ist im Mittelmeerraum und in Vorderasien beheimatet. Das aus seinen Hülsenfrüchten gewonnene Pulver wird als Carob bezeichnet. Es ist ein Polysaccharid mit Vitaminen und Spuren von Mineralstoffen. Sein süßlicher Geschmack erinnert an Kakao. Das Mehl ist fettarm und somit für eine kalorienbewusste Ernährung - durchaus auch mit Süßigkeiten - geeignet.

MITTELSCHWER

Zutaten für 4 Personen
Vorbereitung: **15 Minuten**
Ruhen lassen: **2 Stunden**
Backzeit: **5 Minuten**
Kalorien pro Portion: **etwa 240**

400 ml Milch
50 g Carob (Johannisbrotmehl)
50 g gewaschene, geschälte Blaubeeren
1 EL Maisstärke
1 EL Rohrzucker

Für die Dekoration:
50 g vegetarische, steif geschlagene Sahne
8 Sesamkekse mit Honig

1. Die Blaubeeren mit der Hälfte der Milch und der Hälfte des Zuckers mixen. Die Mixtur in einen kleinen Topf geben, bei sanfter Hitze die Hälfte der Maisstärke einrühren. Weiter verquirlen, bis sie dick wird, dann vom Herd nehmen.

2. Die restliche Maisstärke mit dem Zucker mischen, dann die verbliebene Milch und das Carobpulver hinzufügen. Mit Geduld vermengen, bei niedriger Hitze zum Kochen bringen, die Creme beiseite stellen.

3. In vier Gläser zuerst eine Schicht Carob-Creme, dann eine Schicht Blaubeer-Masse füllen. Mit einer weiteren Schicht Carob-Creme abschließen.

4. Die Süßspeise in den Kühlschrank stellen und zwei Stunden darin lassen. Mit der Schlagsahne und Sesamkeksen dekoriert, wird sie noch besser. Auftragen.

DREIFARBIGE KALTSCHALE

Sirup ist eine stark zuckerhaltige Lösung. Fruchtsirup, beispielsweise der aus Erdbeeren, konserviert den Geschmack, die milde Süße und den Geruch. Als Konzentrat hat er die Fähigkeit, Speisen vielfältig anzureichern, Aroma zu verleihen und Farbe zu geben.

MITTELSCHWER

Zutaten für 4 Personen
Vorbereitung: **15 Minuten**
Ruhen lassen: **2 Stunden**
Backzeit: **5 Minuten**
Kalorien pro Portion: **etwa 140**

500 ml Milch
100 g Erdbeeren
100 g Erdbeersirup
50 g Blaubeeren
20 g Kakao
20 g Maisstärke
1 Zitrone

1. Die Erdbeeren säubern, waschen und abtropfen lassen. Die Blaubeeren abspülen und im Mixer zerkleinern (einen Esslöffel zum Verschönern aufheben). Die Zitronenschale reiben.

2. Ein Töpfchen auf den Herd stellen und die Milch darin (bei geringer Temperatur) erhitzen. Die Maisstärke und die geriebene Zitronenschale hineingeben, verquirlen und solange rühren, bis die Flüssigkeit sämig wird.

3. Die Flüssigkeit in drei verschiedene Gefäße füllen. In das erste den Erdbeersirup, in das zweite den Kakao und in das dritte den Blaubeer-Mix geben. Für den bevorzugten Geschmack mehr von der Milch-Masse verwenden. Sorgsam mischen, dass sich die verschiedenen Zutaten gut verbinden.

4. Eine erste, nach Belieben gewählte Milch-Mischung in vier Gläser füllen, dann diese im Gefrierfach 10 Minuten kühlen. Eine weitere Mischung mit einem anderen Geschmack als folgende Schicht darüber geben und wieder in das Kühlfach stellen. So wird garantiert, dass die Schichten übereinander bleiben. Dann die letzte Mischung auffüllen, sie ist sie oberste Schicht. Noch einmal circa 2 Stunden tiefkühlen.

5. Abschließend die Gläser aus dem Kühlschrank nehmen und jedes mit einer Erdbeere und einigen Blaubeeren verzieren.

PUDDING MIT PLÄTZCHEN UND MANDELN

Honig besteht hauptsächlich aus Wasser, Zucker, Proteinen, organischen Säuren, Mineralstoffen, Vitamin B und C. Mengenmäßig wichtig sind auch die von Blumen stammenden Substanzen (wie Gerbstoffe, Pigmente, Phosphate und Vitamine) sowie Inhibin, ein natürliches Antibiotikum. Sein Fruchtzucker ist zu 100% natürlichen Ursprungs und demzufolge unbehandelt.

MITTELSCHWER

Zutaten für 4 Personen
Vorbereitung: **15 Minuten**
Ruhen lassen: **2 Stunden**
Backzeit: **5 Minuten**
Kalorien pro Portion: **etwa 380**

400 ml Milch
1 EL Zucker
1 EL Maisstärke
20 g Kakao
100 g Mandelplätzchen
100 g Ricotta
1 EL Blütenhonig

1. Die Mandelplätzchen mit dem Mixer oder dem Wiegemesser zu einem groben Mehl verarbeiten.

2. In einem Töpfchen die Hälfte der im Rezept angegebenen Milch zum Kochen bringen, die Hälfte des Maismehls einrühren. Bei schwacher Hitze köcheln und die Masse andicken. Vom Herd nehmen und abkühlen lassen. Die übrige Milch mit dem Kakao, der restlichen Maisstärke und dem Zucker ebenso anrühren, köcheln und zu einer Creme werden lassen. Dabei das ständige Umrühren nicht vergessen.

3. Wenn die erste Masse abgekühlt ist, die Ricotta und den Honig dazugeben und vermengen.

4. In vier Gläser erst eine Schicht Ricottacreme, dann eine Schicht Plätzchen-Mehl und zum Schluss eine Schicht Kakaocreme geben. Die Oberfläche jeweils mit dem Rest des Plätzchen-Mehls bestreuen.

5. Im Kühlschrank circa 2 Stunden kalt stellen. Schon ist das Dessert fertig zum Servieren.

REGISTER

AUTOREN DER TEXTE

Maurizio Cusani stammt aus Como und arbeitet in Mailand als Augenarzt. Da ihn die Beziehung von Kunst, Psyche, Ernährung und Gesundheit seit jeher faszinierte, vertiefte er sich in das Studium von Sufismus und antiken Traditionen, welches er auch auf seinen Reisen aufmerksam vertiefte. Am Istituto Riza unterrichtet er Ennegramm und Symbologie des menschlichen Körpers für Heilpraktiker sowie in den Master-Kursen für Psychosomatik und Psychologie. Seit einigen Jahren beschäftigt er sich außerdem mit Ernährung und ihren Auswirkungen auf die Gesundheit. Er hat zahlreiche Monografien und Artikel über Ernährung, Symbolismus, Sufismus und antike Traditionen verfasst. Außerdem veröffentlichte er Texte über Psychosomatik und das menschliche Wohlbefinden im Allgemeinen bei verschiedenen italienischen Verlagshäusern, darunter Riza, Red, Nuova Ipsa sowie Sagep-La Lontra.

Cinzia Trenchi ist Heilpraktikerin, Journalistin und Freelance-Fotografin. Ihr Spezialgebiet sind die Lebensmittel-Fotografie und die Enogastronomie. Sie hat an zahlreichen, in Italien und im Ausland veröffentlichten Kochbüchern mitgewirkt und arbeitet für verschiedene italienische Zeitschriften (regionale Küche und Traditionen, Makrobiotik, Naturküche), für welche sie Texte und Fotografien liefert und ihre eigenen Rezepte schreibt. Sie ist eine begeisterte Reisende, die überall lokalen Traditionen nachspürt und diese dann neu interpretiert. In ihren Kochbüchern stellt sie originelle Diäten vor, probiert ungewöhnliche Geschmackskombinationen aus und behält dabei immer die besonderen Charakteristika der Lebensmittel im Auge, um ein gesundes Gleichgewicht zu schaffen und somit das tägliche Wohlbefinden zu steigern. Sie lebt in einem Haus im Grünen im piemontesischen Monferrato. Mit den Blumen, Kräutern und Erzeugnissen aus ihrem Garten bereitet sie originelle Gerichte und Dekorationen zu und lässt sich dabei vom Wechsel der Jahreszeiten und der saisonalen Obst- und Gemüseauswahl inspirieren.

WHITE STAR VERLAG

WS White Star Verlag®
ist eine eingetragene Marke von Edizioni White Star s.r.l.

Via M. Germano, 10 - 13100 Vercelli – Italien
www.whitestar.it

Übersetzung: Katrin Schmeißner - Redaktion Deutschland: Grafikhaus, München

ISBN 978-88-6312-120-9
1 2 3 4 5 6   17 16 15 14 13

Gedruckt in China